U0539184

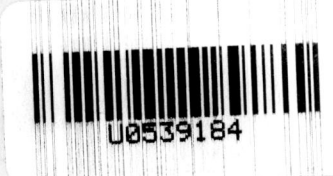

近代中日關係研究 第三輯8

世紀之足跡－
臺灣人日本海軍志願兵

陳鵬仁 編譯

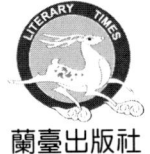

蘭臺出版社

目次

かつて日本のため防衛の
任にあたられた皆さん
心より敬意と感謝を
申し上げます。
これを契機に日本と
台湾のきずなを強めて
友好交流を進めて
参りたいと存じます。
いつまでもお元気で
御健勝を祈り
申し上げます。

八月二十七日

元防衛庁長官
元農林水産大臣
衆議院議員
玉澤徳一郎

私たち日本人はあの敗戦時の
最も悲惨な苦しい時期に台湾の
皆さんに頂いた温情を忘れては
ならないと思います
台湾海交聯誼会の皆様の
ご健勝ご多幸をお祈りします

元防衛庁長官
前衆議院議員
臼井日出男

二〇〇四年八月三十日

二十一世紀への歩み

有馬元治

二〇〇四年七月二十八日

さきの大戦中、日本海軍に勤務された台湾出身の志願者の皆さんへ、同じ海軍仲間として、心よりの親愛の情と敬意とを表します。どうかいつまでもお元気で。

西暦二〇〇四年八月十二日

阿川弘之

世紀之足跡——台灣人日本海軍志願兵

陳鵬仁

前言

一

日本的海軍，嚴格來說始於明治三年（西曆一八七〇年，以下統統使用西曆）一月十一日，海軍操練所的開學典禮。當時請來負責其教育和訓練的是英國的海軍少校達格拉斯（A.L.Douglass）。是時他帶來了砲術、航海、機關、造船等各科的軍官五名、士官十二名和水兵十六名，共計三十四名。（註一）

在明治時代，日本海軍曾經聘請了一百八十二名外國人，其中英國人一百三十名、美國人十六名、法國人十二名、荷蘭人六名、瑞士人三名、德國人一名，英國人佔絕對多數。這些外國人，技術官兵一百四十三人，語言教師三十三人，醫師五人。（註二）

反此，日本陸軍所聘請的外國人，一共一百六十六人。法國人七十八人，德國人四十八人，英國人十六人，義大利人九人，荷蘭人八人，俄國人四人，美國、比利時、奧地利各一人。其中軍事關係六十六人，語言教師四十九人，

其他五十二人。（註三）

一八七〇年十月，日本太政官布告：「海軍爲英國式，陸軍爲法國式」，迨至一八八五年，日本陸軍改爲德國式。理由是陸軍龍頭山縣有朋、大山巖、桂太郎、川上操六等考察歐洲，發覺在普法戰爭中普魯士（德國）陸軍的非凡表現而作了這樣的決定。（註四）

日本海軍在甲午戰爭和日俄戰爭，尤其是在日俄戰爭中有過令人難以置信的出色表現，而引起「日不落國」的英國和美國大恐慌，乃有一九二一年限制日本海軍軍力的華盛頓會議的召開。

二次大戰結束以前，在還沒有飛彈的那個時代，海軍在戰爭中佔有極重要的地位。一九四一年十二月八日，日本海軍偷襲珍珠港，爆發太平洋戰爭。爾後，在太平洋日軍節節敗退，就是因爲日軍失去了制海權和制空權所致。

偷襲珍珠港時，日本陸軍的地上部隊爲五十二個師團，飛機一五一中隊（三千五百架）、戰車一千二百輛，分別駐日本本土、滿洲、中國大陸、朝鮮、臺灣和南洋，其總兵力爲大約二百一十萬人。（註五）

日本海軍的艦艇三百九十一隻，排水量一百四十五萬噸，航空兵力三千二百架，陸海兵力爲大約二百四十萬人。當時的日本人口（包括臺灣和朝鮮）爲大約七千二百萬人，幾乎十五人男子中有一個要當兵。（註六）但基本上，還是以陸軍爲主，海軍爲副。

日本投降時，太平洋戰爭初期的日本海軍航空母艦六艘全部沉於西太平洋，戰爭中期以後所建造的五隻中三隻沉海二隻（天城、葛城）遭受美國空軍攻擊，失去戰鬥力。

戰艦，包括大和、武藏，十二隻中陸奥沉於廣島灣，四隻（長門、伊勢、日向、榛名）失去戰鬥力，其餘七隻消失於戰場。

重巡洋艦十八隻中十四隻沉海，輕巡洋艦二十二隻中失去十四隻，驅逐艦一百七十四隻中一百三十三隻被擊沉，潛水艇一百六十九隻中失去一百三十八隻。當時能作戰的只剩下二十八隻驅逐艦和九條潛艇。

飛機總共生產大約三萬二千架，剩下大約五千架，其中大多是練習機。海軍人員在日本本土大約有一百九十六萬人，外地大約四十五萬人。（註七）至此，曾經不可一世的大日本帝國海軍終於走入歷史。

二

因甲午戰爭清廷打敗，日本堅決要求割讓臺灣和澎湖，於是台、澎成爲日本殖民地。太平洋戰爭日本投降，將台、澎歸還給中華民國，結束對臺灣五十年的殖民統治。

今年爲二次大戰結束六十周年。大戰末期，臺灣青年曾被日本當局徵兵或志願日本兵。臺灣第一期日本海軍志願兵同仁，爲懷念當時的日子，集一部分照片，擬出版成書。他們這樣做也有其意義，每個人在特定的時空下有其生存的價值。

戰後大家變成中華民國國民，在各行各業發展，歷盡艱辛。今日大家都已超過古稀之年，回顧自己一生，應該無怨無悔。他們出生時是日本人，戰後變成中國人即臺灣人，這不是他們自主和自願的選擇，而是時代的安排，天注定的命運，沒有是非的問題。

現在，我想特地介紹一個人，以爲前言的一部分。

每個人有每個人不可替代的人生，而出生時爲日本人，當過日本兵，戰後變成中華民國國籍的這些人，他們人生更是錯綜複雜，一言難盡。在這裡，我準備介紹一位比較特殊的人，作爲其含義的詮釋。

這一位是盧玉亭。他是這些台灣人日本海軍士兵中的佼佼者。受訓時他的成績特別好，故領導大家宣誓；和其他同學一樣在訓練所海兵團受訓後，去日本千葉縣地點位於館山校受訓，房總半島尖端白浜的灯塔外。

戰後，盧玉亭由於同學鼓勵和推薦，與姚虎臣海軍少將見面。姚將軍曾請他與同學們協助加入加強國民政府來台的海軍隊伍，因在台的海軍最弱，後因，同學們不想再當兵而作罷。

後來因緣際會，盧玉亭前往香港經商和投資。

三

為了協助這些同胞出版這本書，我和王雪娥女士曾經前往東京，請曾任日本內閣防衛廳長官（相當於我國國防部長）玉澤德一郎先生、臼井日出男先生，曾任防衛廳政務次官有馬元治先生，以及常寫海軍小說的作家阿川弘之先生撰寫獻辭，我們非常感謝他們的善意和鼓勵。

為了增加讀者對日本海軍的認識，我加上我寫的「關於昭和天皇胞弟高松宮日記」（因為他是海軍出身）、「日本海軍最高幹部及各地海軍武官」和日俄戰爭以後到日本在二次大戰戰敗，「日本各艦隊司令長官及參謀長」為附錄。國內很少有有關日本海軍的專書，相信本書在這方面有其應有的貢獻。這些附錄，對於研究日本海軍具有極高的史料價值。

最後，我要由衷感謝致良出版社艾天喜社長出版這本極富歷史時代意義的這本書。

註釋

（註一）池田清『海軍と日本』（東京中公新書，一九八一年）一四七－一四八頁。
（註二）池田清，前引書，一四八頁。
（註三）同註一。
（註四）同前註。
（註五）池田清，前引書，一三六頁。
（註六）池田清，前引書，一三六頁。
（註七）外山三郎『日本海軍史』（東京，教育社，一九八七年八月），二六五頁。

第一篇　海軍志願兵訓練所

「出征前」（1943年）

總督府在1943年發表在台灣實施「海軍志願兵」制度。盧玉亭君代表宣讀「台灣全島38萬人該當者代表」宣誓文頒佈台人可以擔任「海軍志願兵」辦法後，各機關、學生們到總督府前舉旗遊行。

1943年年初，台灣第一期日本海軍志願兵，在新公園（現二二八紀念公園）舉行了宣誓儀式，由盧玉亭領銜宣讀誓文，監誓者為台灣總督海軍大將長谷川清；這是當時某君所拍攝的照片。

中立者　台灣總督

李煥坤(後排右一)18歲參加「海志願兵」前:在芎林國小任教與學生們合影

中壢第一公學校澀山先生擔任入訓後訓練所國文(日文)教官，學校紀念。右澀山先生（中）中壢公學校長（左）（黃金龍提供）

正前」志願兵制度宣佈後，各州代表在未入訓練所前有為期二星期
;預備訓練。著白色服那一排者為教官

「訓練所」（1943年10月～1944年3月）

海軍訓練所位於高雄左營，全名爲台灣總督府海軍志願兵訓練所，爲期六個月。

訓練所共有五個分隊，每個隊又分四個教班，每一教班再分四組，結業後再進入高雄海軍團。

訓練所第一分隊長　中村少尉

立於高雄左營的台灣總督府海軍志願兵訓練所

《第一分隊　第一教班》

訓練所　第一分隊第一教班同學和班長　米田重則　上曹（上士）

人員名單：

陳清漢	王思己	蘇枝伍	朱深淵	陳　份	林啓耀
蕭深敏	林新生	陳天賜	林東安	謝長安	吳俊瑩
許文受	賴信福	鄭信陽	李文獻	黃榮欽	洪志銘
王水吉	許炳坤	姜耀興	歐慶堂		

第一分隊第一教班　班長
上曹（上士）　米田重則

陳清漢

陳天賜

《第一分隊　第四教班》

人員名單：

史順興	張金銓	吳錦輝	游仁義	林正榮	施鄭秀蘭
陳添登	鍾貳子	蔡生土	吳原游	溫慶芳	胡珠文
張貴文	巫喜多	曾茂裕	蘇裕明	徐溫章	

第一分隊第四教班　班長

林正榮

《第二分隊　第一教班第四組》

第二分隊第一教班第四組與教班長合照

人員名單：

楊天發	田耀勳	洪木水	陳　孔	武九敏雄	曾添全
呂茂楸	陳　誦	簡朝陽	林順德	洪文學	賴金柱
江焜鐘	周賢乞	張承謨	陳榮森	黃貴鴻	

《第二分隊　第二教班》

（左）廖河清（右）邱錦明

人員名單：

廖河清	黃啓金	王德榮	余榮宗	張萬發	鍾坤俗
陳碧川	林天意	藍　進	吳木生	劉清泉	李瑞集
劉嘉修	林朝寅	張捷芳			

《第二分隊　第三教班》

第二分隊第三教班與班長合影〈邱錦明 提供〉

人員名單：

廖金生	陳進成	邱錦明
馮阿暖	李來園	邵建森
詹坤場	莊茂山	黃　池
方水來	林丁酉	林煥土
李耀焜	廖學仙	葉田章

邱錦明

《第二分隊　第四教班》

曾清田

(左一)林傳進夫人，(左三)邱錦明及其夫人、子

《第三分隊　第四教班》

第三分隊第四教班後排左二為黃東焜，戰後成為名作曲家黃敏先生

人員名單：

杜野強	陳朝儒	邱垂熾	林平煆	謝炎興	蔡書勳
蔡長樸	徐文送	黃　違	黃有道	戴子儀	林雲松
歐嵩山	陳震芳	黃東焜	陳金木	陳火傳	廣田慶光

陳湧霖、歐嵩山（岡本憲直）

歐嵩山

黃東焜（松山文彥）
黃　敏

陳火傳

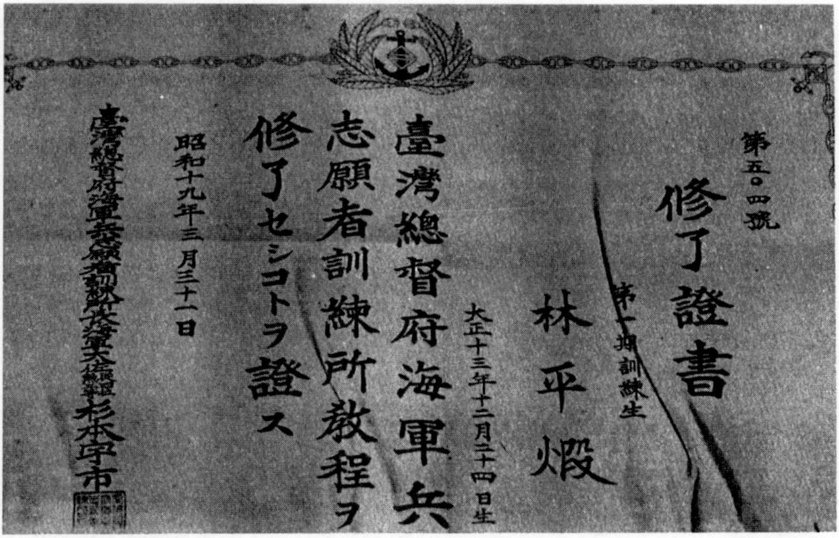
第五〇四號

修了證書

第一期訓練生

林平煆

大正十三年十二月二十四日生

臺灣總督府海軍兵志願者訓練所教程ヲ修了セシコトヲ證ス

昭和十九年三月三十一日

臺灣總督府海軍兵志願者訓練所長海軍大佐[illegible] 杉本孚市

訓練所結業

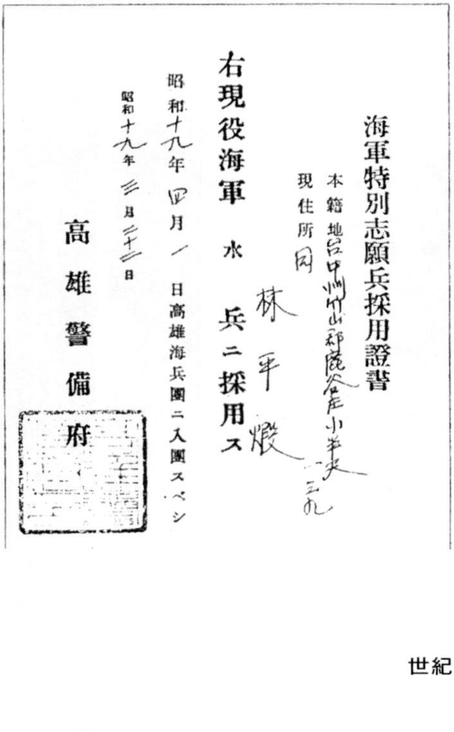
海軍特別志願兵採用證書

本籍地 台中州竹山郡鹿谷庄小半天一二九

現住所 同

林平煆

右現役海軍 水 兵ニ採用ス

昭和十九年四月一日高雄海兵團ニ入團スベシ

昭和十九年三月二十二日

高雄警備府

第三分隊四教班同學

林平煆（森岡嘉郎）

《第四分隊　第二教班》

第四分隊第二教班同學，（中左）小吳分隊長、（中右）川江不二夫班長

人員名單：

石井昇	盧玉亭	潘明貴	陳　宗	楊文顯	鄭　鐵
廖慶煥	胡木成	楊春元	蔡清壽	莊司　肇	吳仲坤
陳竹旺	楊生波				

第四分隊分隊長　小吳　岡作

第四隊第二教班長
川江不二夫　班長

李煥坤夫婦50年後到日本探望小吳分隊長

李煥坤

《第四分隊　第三教班》

柯順秋

鄭漏順

彭錫齡

第四分隊第三教班長　若松兼磨

人員名單：

柯順秋	陳祈福	許福山
鄭漏順	李　清	杜聰明
李茂榮	施國壽	涂有財
陳天讚	周本立	彭錫齡

《第四分隊　第四教班》

志願軍訓練班第四分隊第四教班第三組全員（中）和田教官

人員名單：

蔡清飛	尤天珍	郭伯昭	洪清山	蕭炳森	黃文東
賴志祥	羅滿福	李江對	李崑池	莊登魯	楊來福
羅細滿	張安順	陳新瞪	林文雨	朱金鍊	留媽興
蔡文昌	甘木　泉	山本宗九郎			

李江對

第四分隊第四教班　和田覺夫教官

朱金煉

陳新瞪（富田光彥）

蕭炳森（湧山森雄）

《第五分隊　第一教班》

第五分隊第一教班

人員名單：

林湘津　江拱棠
謝春火　葉榮福
黃永炎　張丁文
陳如川　陳金印
何紹昌　陳　鳳
顏銘鎰　吳清枝
張欽淵　蔡許扁
王義成

葉榮福

林湘津

《第五分隊　第三教班》

第五分隊第三教班全員與上曹班長、紫剛正

人員名單：

賴火樹	宋南進	曾鑽錫	曾煥進
蔡平和	王永裕	施　千	陳贊根
施能華	張良雙	林順天	高金寶

施　千

施能華

第五教班長
昭和9年7月3日　上曹紫岡正

廖本幅、林順天

訓練所完前後休假，台中舉行歡迎入團。左起吳旦、楊加再、巫喜多、楊兆指、王榮秋、李廚。

1945年（昭和19年）3月末，訓練所結業回鄉與苗栗親友合影。〈朱金錬 提供〉

第二篇　高雄海兵團訓練所

1944年4～6月訓練所結業後進入海兵高雄兵團

海兵團開訓典禮列席長官

海兵團昭和19年四月入團　二等衛士兵畢業紀念

訓練所結業（修了）典禮

第一分隊　黃榮欽（廣田健義）代表志願兵領取修了證書

詹金土

陳登全

林登安

歐鴻共

劉碧宗

李煥坤（右）

廖添福
高雄軍需部工作術講習生

＊服役死傷者，留下照片甚少

李雄廷　戰死

彭錫齡

張永澄君（中壢郡出身）歿

張大上君（2.2整）南方前線で戦傷盲管銃傷なので、弾丸がに食い込んでいて復員後も大分苦しんでいたがとうとつ早く死亡した

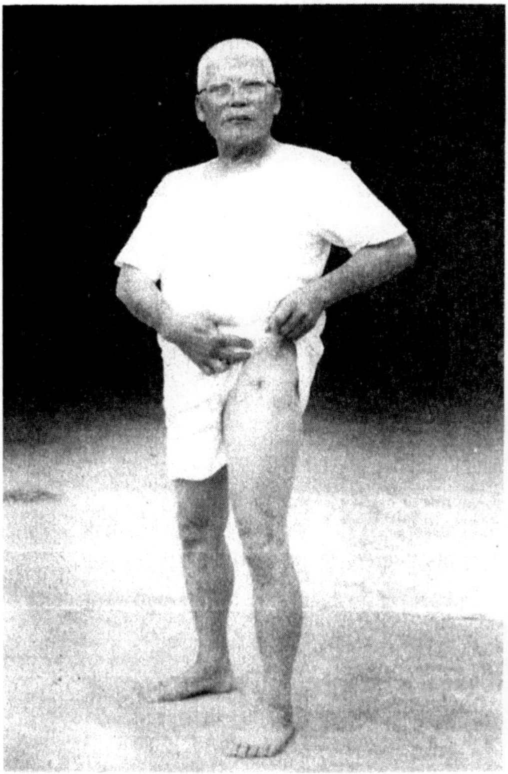

李登欽（岩里武則）
李登輝胞兄
戰死

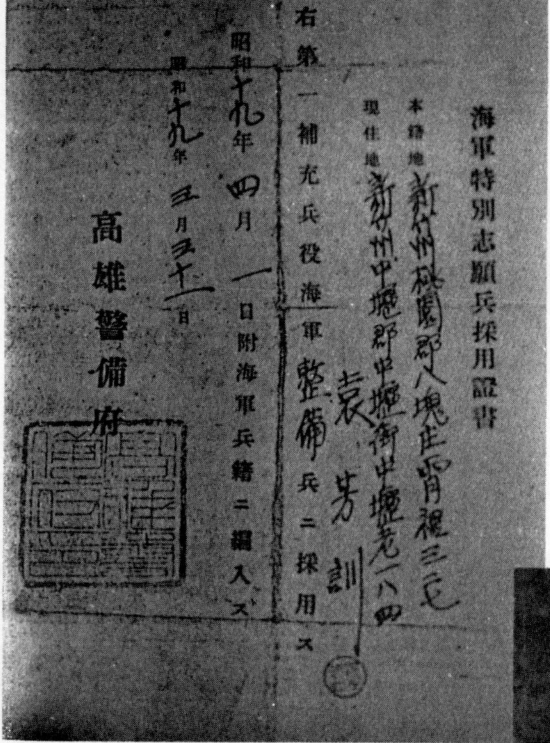

海軍特別志願兵採用證書

本籍地 新竹州桃園郡八塊庄霄裡三七

現住地 新竹州中壢郡中壢街中壢[illegible]一八四

袁芳訓

右第一補充兵役海軍整備兵ニ採用ス

昭和十九年四月一日附海軍兵籍ニ編入ス

昭和十九年三月三十一日

高雄警備府

海軍兵團結業後，由高雄警備府發給海軍特別志願兵採用證書

袁芳訓同學為新竹州桃園郡人士

邱錦明海兵団医務室医療業務試験合格
高雄か海兵団医務室勤務中、医療業務執行の学科試験後の記念写真、右上は松村茂雄（蔡勤茂）君と右下は川崎征雄（邱錦明）君たちの努力は無駄ではない。

第12分隊兵科紫岡教班

第36分隊第二班（木工）

高雄海兵團醫務室　日本海軍軍醫中尉
山田 分隊士

邱錦明（右）高雄海兵團醫務室服務

邱錦明　高雄海兵團醫務室服務

高雄海軍海兵團醫務室

高雄海軍志願軍訓練所

高雄海軍海兵團衛生科練習同學生

高雄海兵團衛生兵卒業生和教班長合影（前左一）蘇祐明
（後左三）邱錦明

海兵團（左）余榮宗、（右）宋南進
中壢宋屋人士〈余榮宗 提供〉

高雄海兵團醫務室
（右上者）蔡勳茂
（右下者）邱錦明

高雄海兵團衛生兵卒業生和教班長合影

昭和19年夏分發到台南航空隊艦上攻擊分隊的日本台灣第一期志願軍，
全體在椰樹下著防暑服合影〈余榮宗 提供〉

海兵團結業後分發到台南航空隊，實施期間行軍到台南神社前合影
〈余榮宗 提供〉

大楠機關學校期間，行軍到鐮倉源氏神社前合影
〈李煥坤 提供〉

台南二空學校的練習部拿帽子、粉筆，寫上自己的姓名，有寫日本姓氏也有中國姓名者，賴、林、陳、廖學船、宋、林長流、宋盛好、楊汪登、王金添、郭子達、陳冬波、陳添來、李波茂、鄭竹義、曹三吉、郭竹儀、蘇再添、顏溫裕、岩田、宮本、玉木、福島、神山、大津、梅澤，其中可端詳其內心的文化。

第112期普通科飛行機
整修術練習生。

第112期普通科飛行機
整備術練習生第22分隊
第四教班一同合影
〈朱金鍊 提供〉

大楠機關學校共十班部分同學

大楠機關學校共十班部分同學

大楠機關學校期間，行軍到連倉源氏神社前合影〈李煥坤 提供〉

大楠機關學校旁的神社

大楠機關學校野外行軍；在神奈川的江之島名勝合影留念

大楠機關學校的學生與教官合影（第九訓育班），白川先生後為韓國海軍總司令

日本橫須賀的隊潛學校，護國丸事件者羅細滿在該校進修

第41分隊衛生科第一期卒,學生與教官合影邱錦明提供

高雄海兵團醫務室全員合影〈邱錦明 提供〉

整備隊分隊派在台南關廟的陸戰隊，台南關廟龍崎基地陸戰隊，金小隊長指揮（中者）

台南第二航空整備學校入學照

（左）黃榮欽
（右）盧玉亭，其左臂有櫻花勳章是為技能獎章，於日本館山礮校

1945年2月，日本館山礮術學校合影（後排右起第五人為盧玉亭）

「終戰」

終戰後，在日本、印尼等船準備回台。

戰後在印尼等船的台灣同鄉，得知可以回鄉顯現出愉快笑容，（右一）陳火傳

終戰等船欲歸展笑容
（左）王偉忠（左）李煥坤
〈李煥坤 提供〉

戰後陳啓章和李煥坤（左）在日本展英姿，等船期待歸台灣〈李煥坤 提供〉

海交會成立及日本海交會來台問慰靈

（左三）傅秀松女士為二戰護士 （左四）黃金龍夫人
日本海軍（右一）林保定（右二）廖本幅

靜岡縣海交會
來台慰靈

前日本在台陣亡之日本軍民及台籍軍人　慰靈祭

慰靈儀式

前日本海軍組成海交會來台慰靈

（右）中華民國前海軍副總司令、國防部副部長　郭宗清
（中）前日本衆議員、防衛廳副長官　有馬元治
（左）黃金龍陪同

（右）黃金龍
（中）前日本衆議員、防衛廳副長官　有馬元治
（左）前海軍副總司令　郭宗清上將，現任軍史學會會長

▲有馬前議員多次來台，均前往會見郭上將

中壢公學校同學後排右一為黃金龍、前排六為黃金龍夫人、右七黃菊英

台籍前日本海軍海交會成員及親屬照片
(前三)黃金龍夫人、(前四)黃菊英，於日本京皇宮前

（右）前日本內閣防衛廳政務次官（相當於我國國防部副部長）前衆議員有馬元治（著原住民酋長服者）〈黃金龍　攝影〉
（左）中國文化大學日本研究所所長陳鵬仁教授攝於烏來瀑布前

小菅亥三郎（日本不動產專門學校理事長）與烏來公主愛子孃

旅日黃金龍與著和服之日本遊客

(前排左二)郭河、(前排三)林傳進、(前排四、五)黃榮全、黃金龍

同學會——左起白欽堂、黃金龍夫人；張德隆與遊覽車小姐；張茂山、李煥坤、林保定、段錫安、林順天、廖本幅、廖河清、李清漢、陳火傳

（左）陳金進
（右）楊天發

鄭武傑（森村有雄）

南區會長　柯順秋

海軍志願兵一期同學聯誼會，現任總會長　林湘津（第五分隊第一教班）

第五篇　個人回憶

戲夢人生——憶戰後

《邱錦明》川崎征雄

【緣起】

民國三十二年十月，投考大日本帝國海軍第一期志願兵，入兵籍於高雄海兵團高志衛39號（高雄海軍病院實習生），直至民國三十四年，日本戰敗，臺灣光復，重回祖國懷抱，才自日本海軍復員歸省。

【責任與承擔】

戰爭是殘酷的，多少生命掙扎於生死之間，命運難卜，而我還能平安無恙返鄉，與寡母兄弟姊妹團圓，一家人緊依相擁，便是福氣，值得珍惜。戰後，百廢待興，百姓生活困頓。雖然領有日本海軍發放的復員安家費，但微薄的數目，尚不足以養家糊口，想及母親年輕時就守寡，辛苦地獨力撫養五個子女，想想該是我替家裡分憂分勞的時候了。就在責任心的驅使下，激發我勇於承擔的堅強意志。由於當時在軍醫院實習，有醫學、藥學各科臨床經驗，復員後遂繼續朝醫藥方面研習，希望有朝一日能有所成就，改善家中生活。

民國三十五年，承蒙臺灣省立嘉義醫院藥局主任介紹，帶著軍隊開立的證明文件，並經簡單的考試，順利進入省立嘉義醫院藥劑室，任職服務。勤務之餘，在院長協助下，我跟隨內科、小兒科、婦科等各科主任實習醫學，奠定我

高雄海軍醫院前攝

日後的醫學基礎，完成往後我能藉醫術服務地方民眾的心願。

【歷史的錯誤】

民國三十六年一月，與張瓊芳女士結婚，正沉浸於甜蜜的婚姻生活，未久的二月二十八日，即爆發臺灣史上最慘痛的歷史悲劇——二二八事件。日本投降，臺灣光復，臺灣人以為有好日子過了，正興高采烈、歡天喜地，迎接前來接收的國軍，誰知他們竟是一群軍紀敗壞、濫權專橫、無惡不作、貪贓枉法、凶狠殘暴的軍人，不分青紅皀白，撲殺擄掠善良百姓，一些臺灣知識菁英被自白犧牲。當時，嘉義有七位議員代表到空軍基地談和，並協商處理善後，卻被誤解有煽動百姓之嫌，而全部逮捕，成為第一批在嘉義火車站前被槍斃的犧牲者。潘木枝議員是嘉義優秀的內兒科名醫，被冠上莫須有的罪名，下令槍決；許世賢議員即前內政部長張博雅的母親，幸運地被釋放；名畫家陳澄波因會說北京話，前去當翻譯，同遭不測。火車站前的刑場，每天都有數人被槍決以及悼祭亡魂的場面。

當時我仍任職於省立嘉義醫院，手臂戴著紅十字臂章，忙碌地穿梭於事件受傷者間急救，敵我不分。我也親眼目睹軍車載著受難者，沿路遊街示眾，及槍決現場慘不忍睹的畫面，呼天搶地，悽慘哀號的場面，五十多年來，至今仍揮之不去。

受難者家屬在漫長歲月申，默默承受痛失親人的悲傷，等待公道與正義的到來。終於前總統李登輝代表政府向受難者家屬道歉下，政府發給補償金，受難者長久以來的冤情才得以洗清。我們也要記取教訓，不要再讓歷史悲劇重演。

【明哲保身】

二二八事件之後，政治成爲民間的禁忌，百姓互相告誡，不可參與政治，除非政治理念與政府相同。隨意批評政府，或在公共場合太關心政治，可能惹來殺身之禍，或牢獄之災。學者知識份子發表文章言論，更是要小心翼翼，否則會被視爲思想有問題的叛亂份子，冠以思想犯的罪名，下場很慘。

民國三十八年，政府宣佈戒嚴，人民的言論、集會、結社等自由受到很大的限制，「白色恐怖」的陰影籠罩。保安司令部或情治單位，派特務亂抓

蘇祐明（右）獸醫博士、精子之父　邱錦明（左）高雄海兵團、高雄海軍病院實習生、海軍陸戰隊「醫務隊」編制

人，搞得人心惶惶，草木皆兵。曾爲台籍日本兵的我，身分也可能受到質疑。因當時正值壯年，母親怕我思想偏頗太衝動，常常耳提面命，要我謹言愼行，將不利於己的證件文書，作妥善的處理。對政府慘無人道的作爲義憤塡膺，心中有很多自己想要表達的言論思想，卻被壓抑得透不過氣來。

我八歲時失去父親，母親一直守寡，含辛茹苦的撫養子女，諄諄教導要懂得仁義禮智，誠信守法，不貪不義財物，盼子女受教，能有出人頭地的一天。想及母親殷殷叮嚀和期望，就忍著嚥下這股恨意，在自已的職位上，奉公守法，安份守己，明哲保身，讓母親安心，完成我盡孝之願。

【皇天不負苦心人】

想要有圓滿的人生，就要先立定一個奮鬥的目標，並盡力去達成它。在省立嘉義醫院任職時，心裡總會給自已一份期許，時時鞭策自己。在勤務時，絕不輕易錯

（右）邱錦明（左）蔡勤茂攝於決戰前

過任何學習醫藥實務的機會；工作之餘，更不懈怠的自我修習苦研，充實有關醫學的知識和技能。在民國三十七年經考試院醫事藥劑科（藥劑師）考試及格。民國四十四年參加國防醫學院預防醫學（陸軍軍醫官）考試及格。

【因貪瞋癡而一再挫敗】

佛家纖悔文裡有懺悔句：「往昔所造諸惡業，皆由無始貪瞋癡。」貪字上頭一點，擺到下面即成貧字。民國三十七年，當時尚年輕，加上智慧不夠，又貪圖優厚利息，投資七洋八洋公司(地下錢莊)，後來公司宣告惡性倒閉，始知受騙上當，投下五億多舊臺幣，落得血本無歸，導致失敗。

因為愚癡，所以第一次的失敗教訓，沒讓我學乖，我又認為經過「海一精神」洗禮的同學是可以信賴的。民國三十九年，我又投資嘉義市海軍第一期同學所組織的「海同行」，股東兼負責人是蔡長樸和林金焜二人，其他有股東之實，無職位之名者有蘇乃斌、吳榮煌、邱錦明(本人)。經過一段時間，該行經營不善，股東負責人蔡長樸、林金焜，卻惡意挪用公款，做走私外國糧食的不法勾當。後因事跡敗露，捲款潛逃國外。其後又發覺蔡、林二負責人，竟還以我的名義對外貸款，借入資金飽入私囊。後來我遭債權人提出告訴，經嘉義法院判決，我必須負責償還債務。頓時我陷入恐慌，感覺前途暗淡，宛如小舟漂流茫茫大海，無所依靠，眞是欲哭無淚啊！貪得無厭的人，良心何在？此時怨天尤人，都已於事無補了，只有告訴自己，我又失敗了！

「海一精神」讓我懂得堅強、忍耐、團結、勤勞、誠信、寬容、不驕傲，在我人生旅途上，時時刻刻，莫不以此爲念，也常以此教育我的子孫。蔡長樸、林金焜二位同學，做出如此傷天害理，損人利己，絕情絕義的事，實在是違背了「海一精神」。

雪恨的良方，是運用理智的力量來寬容。吉人說：「便宜者，天下人之所先爭也，我一人據之，則怨萃與于我矣。我失便宜，則眾怨消矣。故終身失便宜，乃終身得便宜也。」

【人心轉捩點】

想及兩次的投資失策，損失慘重，又債務纏身，命運作弄人，讓我憂心忡忡。若以醫院的微薄薪水，是無法突破困境的。但我相信，天無絕人之路。經再三考慮，於民國四十二年三月，辭去省立嘉義醫院職務，隨即到嘉義縣番路鄉下坑村菜公店執行醫師業務。民國四十三年，中國國民黨嘉義縣黨部，委託聘爲番路鄉貧民第一義診所醫師(二十二年)。

民國四十五年，在徵得母親同意下，處理一些土地，委託親友從事經營果園的開發，盼能藉此早日清償債務。原本前景一片看好，誰知又遇人不淑，受託者不正常的經營理念，錯綜複雜的資金和人事管理問題等種種因素，竟惡臉相向，因為太信任他人，又把自己弄得傷痕累累，眞是自作孽啊！

「黃河尚有澄清日，豈可人無得運時。」可能是老天的安排，讓我下定決心，全力投身於嘉義縣番路鄉，致力於鄉民的醫療服務。

【甘願做　歡喜受】

五十年前的番路鄉，是一個窮鄉僻壤地區，鄉民以農維生，地方衛生醫療缺乏，多為疾病所苦。由於我多年來歷經驚濤駭浪，嚐盡人間冷暖，深知苦為何物？因此本著佛陀慈悲為懷的愛心，秉持「海一」勇敢、堅忍的毅力和犧牲奉獻的精神，將日積月累習得的醫術和臨床經驗，學以致用，解決窮鄉貧民堪憂的鄉村醫療問題。

創業之初，一切都很克難，水電不足，交通不便。患者求診，跋山涉水，非常辛苦。遇到風雨夜往診，我必須一手撐傘持手電筒，另一手提醫藥箱，腳穿長筒雨鞋，怕遭蛇襲擊，翻山越嶺，更是常有的事。

窮鄉貧戶很多，患者看診時，常有付不出醫藥費的窘境，這時，不忍之心，油然而生，不但免費義診，還給他車費，讓他能順利回到家，患者感激之情，盡寫在臉上。在當地，不但要醫他們的病，也要醫他們的心，鄉民有任何疑難雜症，如家庭糾紛的勸解、鄉民間恩怨的化解，子女求學、求職的諮詢等問題，也必須協助解決。因此頗得鄉民愛戴及信賴，常以自種的水果、農產品作爲回饋，更贏得番路鄉地方各機關的支持與關照。人生以服務爲目的，施比受更有福，雖然很辛苦，卻做得滿心歡喜。

民國五十一年嘉義縣戰時服務工作大隊聘爲番路鄉醫療中隊中隊長；同年，嘉義縣團管區司令核定爲陸軍上尉軍醫官；民國五十三年嘉義縣團管區聘爲番路鄉後備軍人特約醫師；民國五十四年奉中國國民黨中央委員會，協助醫療服務工作，免費爲貧民義診施藥，並參加巡迴醫療。

民國六十五年至八十六年，執行藥師業務，另又開設藥師健保藥局。後因年逾古稀、兒女孝順之心，促請儘早退休，安養天年，因此才離開了番路鄉菜公店，也割捨我經營四十多年的事業和感情。自民國八十六年始至今，退而不休，仍在嘉義市光彩街開設邱藥局，欲將自己生命的良能發揮到極限。

【活到老 學到老】

有感於現今科技發達，各種知識性的事物，推陳出新、日新月異，若再不求精進，唯恐自己醫學知識、技能不足而遭淘汰。遂於民國八十三年以七十多歲的高齡，再度發揮我年輕時孜孜不倦的苦讀精神，參加中華民國臨床藥學持續教育課程，並考試及格。民國八十四年，至高雄醫學院藥學系，參加藥師修習中藥課程，考試及格。上課時我專注於教授的講解，認眞做筆記，不解之處，虛心求教，更不斷的復習，常常挑燈夜讀至深夜。系裡執教的教授及同學，都對我的學習精神讚賞有加，並嘖嘖稱奇，也印證了自己仍舊寶刀未老。

【走過兩個時代】

日據時代，臺灣處在殖民地的地位，百姓只是二等國民，日本人作威作福，強壓欺人的情形屢見不鮮，臺灣人苦不堪言。日本政府深怕臺灣人民民族意識提升，會引起反抗風潮，所以限制人民的受教育權。因此升學對一般人來說簡直是空思夢想，有權有勢的人較有受高等教育的機會，很多人因未能升學而遺憾至今。日本人的教育很嚴厲，法規更是嚴峻，因此，大家較能守法，秩序井然，治安較好。在日本統治下，由於物資缺乏，社會發展受到限制，社會普遍貧窮，大都過著簡樸的生活，也因此養成勤儉的習慣。百姓生活雖苦，父母很關愛子女，子女能體恤父母的辛勞，懂孝道，家庭溫馨和樂。

脫離了日本帝國的殖民剝削統治，民國四十年代，台灣局勢仍舊動盪不安，百業蕭條，貧富懸殊。至六十年代間各項重大建設，如火如荼的展開，致力於經濟自由化和國際化，積極促進台灣經濟發展，推動國民教育的普及和延長，提高人民的知識水準，發展高等教育，培育技術人才。台灣人苦幹實幹，勤奮不懈，創造了經濟奇蹟，更躋身國際地位，人民生活較爲富裕。

政府播遷來台後，雖然有地方性的選舉，基本上仍是威權體制。直到八十年代，才順應民意，修改憲法，臺灣公民才得以直接選舉總統、副總統，終於能享受「做頭家」的權利。民國七十六年政府宣佈解嚴，解除黨禁、報禁，有言論、出版、集會、結社、遊行等自由，民主化的政治才正式展開，尤其是開放國外觀光旅行、大陸探親，讓臺灣人民能開闊視野，放眼天下。當臺海走出傳統的歷史格局時，中共仍不時的文攻武嚇，各方面封鎖臺灣，不讓臺灣立足於國際。臺灣人民不夠合群，政黨之間不理性的叫囂慢誨罵、批判，更加阻礙臺灣的進步。因此海峽兩岸關係、統獨之爭，是現今臺灣人民必須共同關心的議題。

近年來，臺灣社會變遷很大，教育的普及，政治、社會的開放，職業、社團、思想、價值觀念呈多元化現象，科技急速發達，更是一大衝擊。在享受自由、進步之時，也付出了慘痛的代價。在富裕中，養成奢靡浮華風氣，好逸惡勞，和貪婪之心，造成社會犯罪問題，偷、搶、騙、拐、貪污、綁架、勒索、吸毒、色情氾濫、擁槍械鬥等事件層出不窮。年輕人不為禮教束縛，道德沉淪，家庭教育、學校教育及社會教育徹底失敗。

經濟的快速發展，因過度開發，破壞了大自然的原貌，各種公害、汙染，造成了土石流、洪水氾濫、地層下陷，加上天災人禍，把美麗寶島殘害得體無完膚。以前的臺灣，常受外來的統治、侵略，現在卻是臺灣人自己在戕害臺灣，要拯救臺灣，還臺灣美麗的容貌，是每個臺灣人應負的責任。

【感恩的心】

自小謹守母親的教誨，一路走來，始終如一，仰不愧於天，俯不作於地，心胸坦蕩。雖然曾有逆境橫前，但相信「天公疼憨人」，憑堅強的意志，勇氣和耐力，腳踏實地，從人生經驗中焠鍊智慧，克服困難，而不被困難所克服。

民國八十四年夏，很有福報的，在家人陪同下，皈依高雄佛光山星雲法師，正式成爲佛門弟子，頓時心裡覺得很踏實。因爲外在的環境不是人力所能改變，但內在的自己卻是可以掌握的，所以，必須調整自己的心境，以佛法來開智慧，而佛法是最好的智慧資源，慈濟證嚴法師給弟子們的「四神湯」——知足、感恩、善解、包容，更是我必喝的湯品。早晚焚香禱祝，口念「阿彌陀佛」，讓心沉澱下來靜思，用感恩的心，來珍惜眼前所擁有的一切，雖然不是很多，但已經滿足。

感謝天，感謝地，更感恩內人辛苦陪伴，扶助我走過大半人生。今生有福，子女、兒媳、女婿，知求上進，努力於各行業，每日噓寒問暖，善盡孝道；孫子們懂事乖巧，亦學有所成。三年前，我高陞曾祖父，可愛曾孫繞膝，開心得合不攏嘴。感恩政府德政，開放出國觀光，讓我能遨遊世界，體驗各國風情，暢懷胸襟，人生如此，夫復何求？

偉人曾說：「人生到了晚年，正是隨心所欲的時候。好比在大海中，可以自由航行，但是還不致於迷糊漂泊。」清心寡慾，不貪不求，廣結善緣，不計較，不比較，知福、惜福、再造福，正是我要航行的目標與方向。用慈悲的心靈體貼關懷別人，用慈悲的眼神看待萬物。要做內心充實的富者，勿做內心貧乏的窮者，爲自己留下歷史，爲家庭留下貢獻，爲國家社會留下光明。

人生如夢一場，好夢易醒，惡夢難涯；人生如戲，一齣齣上演又落幕，角色一再更換，只有在舞台上賣力演好自己的角色，才會得到觀眾如雷的喝采掌聲。

高雄海軍病院練習部實習生

高雄海軍特別志願兵訓練所

當日本海軍兵之感想

《楊天發》興農關係企業總裁

我是日本統治台灣時代，舊台中州豐原郡大雅庄下橫山一二九番地的農民之次子，一九四三年就是日本昭和十八年十月一日爲日本海軍志願兵的第一期生，一千名被召集在高雄州左營市右沖台灣總督府海軍志願兵訓練所入訓，當時日本於一九三七年即昭和十二年七月七日於大陸北京郊外蘆溝橋發生中日支事變此是東亞地區戰爭，因歐洲亦有德國與法國、英國蘇俄歐洲地區很大戰事之發生致使美國對歐洲、亞洲兩個戰爭均參與加入，立即變成第二次世界大戰，日本對此戰爭已進入第六年非常吃緊，人力物資均不足，爲了補足兵力將台灣人稱爲皇民，就是日本天皇的子民，對台灣人是一種看得起之說法，其實日本人與台灣人是兩種待遇。

台灣是甲午戰爭時割交日本爲殖民地，日本政府對台灣人有歧視待遇，日本人之公教人員均有六成待遇之加給，日本人在台灣因此生活較好又看不起台灣人，我們孩童時代尚被日本人叫支那人，其實支那自清朝末期已改爲中華民國進入自由主義了，我們當志願兵時日本人是有兵役義務，台灣人因殖民地不可靠就沒有兵役義務，叫做義務其實對日本人其政府信賴得起的，對台灣此老百姓之一種差別待遇，稱爲海軍第一期志願兵，在陸軍同樣志願兵已實施過有兩年之久，原因陸軍服役在陸地比較不怕台灣人在其中作浪，因海軍勤務於船舶又在海洋上，所以在最緊要關頭才辦理海軍志願兵，陸海軍志願兵是一種號召口號，實際年齡二十歲左右男性均要去志願，不管願不願意假定沒有志願被稱非國民行爲，當時日本人在台灣施政是靠警察壓迫老百姓，警察可當眾刑罰打人身，誰敢表面上作反對行爲。

戰爭經過二年至三年時，地方上成立防衛團，以男性三十至四十歲做義務防衛團員協助戰時種種義工，夜間實行燈火管制怕夜間空襲之目標，防衛團輪值夜間勤務於地方小集會所，有一夜某地之輪值防衛團，在輪值時間內打棋虎龍（即軍士象車馬包卒牌）娛樂，亦可能有些金錢之賭博行爲，給巡邏警察抓到，第二天中午緊急召集全庄防衛團，於學校廣場，有二〇〇餘人，主任警察訓話給大家說在此非常緊急戰爭時間，防衛團在輪值時間內打棋虎賭博是非國民之行爲痛罵一場，又要這三位打虎防衛團上台（廣場集會之講台）將上衣脫下跪在講台板上，此台高度有一點二公尺，使台下之視野明顯，助理警察用腳踏車之外胎橡膠皮六十五公分長有十五公分用布纏爲手把，五十公分可打人背之專用工具，每人打六下，其中有一位是老師，這三位痛到耳紅面赤，背上立即紅斑隆起，比痛更難過的，是面子與人格之損失，這樣誰敢反對日本政府。

這時代糧食米穀亦不足，農民每年有二次稻穀收成，政府派義工青年團在收割時立會秤重再交農民乾燥後，應義務交出多少乾穀之決定，因爲主糧食米是配給的，此時農民非常聽話守法，自己栽種的稻穀自己無自由吃用之權，應受政令之限制，以上說起這二到三例，使現代的人了解六十二年前叫做志願兵是甚麼樣的，又日本政府如何對當時老百姓，其實是全體青年之義務是一種最痛苦的接受，那時全台有幾萬人志願經嚴格篩選出一千人，據日本教官給我說這一千人比日本義務兵役的人優秀超越很好，例如身體健康嚴格檢查，又經考試常識較好的人才能錄取之原因，當然非常優秀。

我在訓練所六個月中有一位較年長的志願兵說：他在海軍訓練兵之前當過二年陸軍軍夫派到國外隨日本兵於戰場，但工作有分別，因台灣人尚

無兵役權不給槍器刀類，工作是協助搬槍藥材，雖衣食不分但腕上戴一組標誌，爲分別他是軍夫之識別，每天感覺同樣在危險的戰地上行動卻有差別待遇，當然薪資津貼均不同，外出休假更加另眼看待，他表示爲了挽回兵卒同樣日、台不分之權益，他年齡比較高亦來當海軍志願兵，但日本人要當兵海軍叫做入團三個月海兵團之訓練而已，台灣人須經台灣總督府海軍訓練所六個月才可進入海兵團，又稱海軍訓練所是爲了台灣人特設的，我十月一日進訓練所，於次年三月二十七日得到休假，此時特別發給海軍兵服給大家穿回鄉，回去給鄉親父老兄弟社會人認爲台灣人可當海軍了，但所有訓練生這一千人非常高興雀躍，此種心裡是從那裡來，實在使大家退伍立業建設家庭後，回想就覺可笑。

因我入訓練所前已有結婚對象由媒人提起，年齡亦已進入二十二歲，我父母亦是鄉下古早思想的人，一直想當兵是危險的，萬一出去海外戰地不回來，此房男兒便無機會傳宗接代；自休假一兩個月前就託公所庄長寫函給我們長官，要我回鄉休一星期假時間內完婚，我十二月二十七日晚回家，十二月二十八日到對象家看姻緣人，我問她當兵去戰地是必然之事，一旦去戰地生死沒有保險，爲何妳那樣勇敢答應我父母要與我在這短假期三—四天之內完婚，一人單獨住在我家之困苦，爲何妳肯決定，她說妳母親太誠懇來向我說服一切妳母親給我保證云云，我聽了是我母親之要求，因我對當兵最大感念是做人父母之子，父母養我生人正在替手一點點之時去當兵是一種對不起父母之心裡很大，可是母親數次聽我反對結婚時說愚兒子聽話是對父母之最好的孝心，並要我放心可再去當兵，一切父母會負責，因此我在十二月二十九日辦理婚禮，亦辦請客約三十桌，十二月三十日歸寧，十二月三十一日是雨天兩人去台中市看一場電影，當時我們家在鄉下在鄉下去看電影來回有二十五公里之遠與現代比是用去一天，再過一天翌年一月二日就去高雄報到，這就是我的四夜夫妻新婚。

兵團訓練新兵三個月後，我被兵團擬派去祕密地號報到約十餘人是個種科兵再一起的，約十天出發的前兩天我因患中耳炎發微熱，經軍醫診斷不可出去，又留下來由同期兵替我出去，再過二至三天第三期兵步入訓練所就直接入海兵團當新兵訓練，如第二期之訓練所亦將六個月短縮為三個月，就是戰事緊張兵員須要補給，將訓練期間縮短，以利加速補急之目的，我去第三期海軍志願兵新兵營當訓練教練班長之助手，新兵營內有一名椎江大尉是分隊長管二〇〇人，一名兵曹長是軍官助理有一位伍長（下士官頭）有四班每班五〇人，各班有一位教班長又有一位補助下士官計日本人有軍官二人下士官六人，助手二人，我與另一位黃君他身體不好無法去戰地而留下來，我去此教育部長當教班長助手，助手是此隊的業務雜務工作，當教班長助手經過約十天時，另一位業務軍官管人士古田兵曹長來，在分隊走廊上遇我就大聲叫我「喂青山（此時之改姓名）你想去戰地嗎」，我大聲回答這位軍官「當然要去是光榮的」他說很好「我對你分隊長爲你請命」就進入分隊長室，我此時想，不妙！該死了！站在分隊長室門外等候消息，裡面聲音聽不清楚，此位古田人事官出來了，看到我站在那裡等，他又大聲說「青山你沒機會了，你的椎江分隊長不同意！」穿他的黑色長官皮鞋踩地，鞋皮底聲大而離開，此時我的心裡就想，我有命了，眞是好加在的，分隊長椎江大尉聽據外面

海一同學會第二十五屆聯誼大會 76.3.29，在台中興農藥廠的球場舉行

古田人事官大聲向我說青山你沒機會了，他從室內出來看到我說：「青山你爲甚麼說要去戰地你想狗死嗎（狗死在路邊無人去埋屍）？今後不可以說要去戰地，我已向古田說我要用你！」這是我的救命大恩人，自此我就拼命在此教育部隊，付出我一切之努力與智慧來貢獻，這是我的良心義務。

因戰爭一天比一天激烈，美國的Ｂ29之夜間空襲亦增加我們教育部隊遷到大崗山山背，爲了避開市區，在此山背地搭起草屋矮寮是三角型高度比人高一點，每棟只駐入三十人，水電都不便，第二次又遷到台中州南投郡名間鄉山區，變成海軍駐入山上非在海洋上勤務，可知是日本戰爭末期之困苦，我們是一九四五年八月十五日在這山上聽到日皇之無條件投降詔書，於九月中旬離開這裡解甲回鄉的。當兵不怕生活日常衣物吃食負擔問題，回鄉開始有高興的家庭生活，開始爲將來之生存收支負擔的大問題在等我們每人去努力奮鬥，爲自己如何謀生存。

我拼命做事業建立家庭，經過約二十餘年，在一九六〇年才託人找到此位救命恩人椎江實大尉，他是日本四國島上東北角德島縣人，我數次帶妻兒子女去向他拜謝，他剛回鄉解甲做過燒木炭工作後，當過鄉農會理事長，九十三年才辭世，我去向他拜墓。我在海兵團當教育部隊班長助手，期間有十三個月中獲得最大收益就是接涉有三梯次新兵八百餘人來自合台灣各地，其職業種類很多又個人有特別之智慧與生活習慣，我們在這團體中如何開闢自己責任，有特別哲學，使我如何掌握這些人才之管理，對付很多地各種的人學習，有處理對人的特別問題的方法，對我人生經營事業有很大幫助。就是如何與人相處時能圓滿解決之學問，似是上了一個期間的人性管理之哲學，做企業可應用，這些是我在海軍前後之感想。我們第一期已經過六十年餘，當時有一千人現在尚生存幾人？九十四年十月一日集合台中只有二十六人，我希望大家自己努力健康才得到快樂的享受，人最重要是在生存中有健康才有幸福。

楊天發

（左）楊天發、（右）本會顧問

人生最大成就

《黃金龍》台灣海交會理事

我於一九二六年十月二日，出生中壢郡，家務農。一九四四年四月一日入高雄海兵團受訓，二等衛生兵。該年六月三日升爲一等衛生兵。六月二十六日，戶籍名字改爲横山龍雄，服務於高雄海軍警備府。十月二十日，在高雄警備府完成一等衛生兵特別教育。

十月三十一日，臨時服勤於高雄海軍通信隊，一九四五年五月一日升任海軍上等衛生兵。九月一日，晉升海軍上等衛生兵長。

戰後，戶籍恢復黃金龍，在桃園縣中壢鎮行醫，爾後在中壢開設太康醫院任院長。我喜歡唱日本演歌（流行歌），曾經當選中壢市模範父親。

訓練所結業19年3月20日黃金龍與同鄉在中壢郡役前，（左一）為二戰護士　惠美

訓練所　黃金龍 橫山

訓練所結業後，
昭和19年3月20日
和同鄉友人

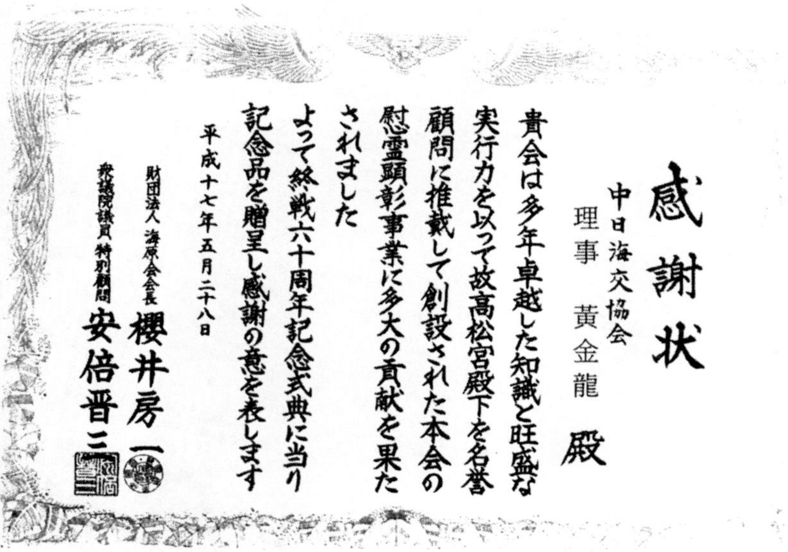

感謝状

中日海交協会
理事　黄金龍　殿

貴会は多年卓越した知識と旺盛な実行力を以って故高松宮殿下を名誉顧問に推戴して創設された本会の慰霊顕彰事業に多大の貢献を果たされました
よって終戦六十周年記念式典に当り記念品を贈呈し感謝の意を表します

平成十七年五月二十八日

財団法人 海原会会長　櫻井房一
衆議院議員 特別顧問　安倍晋三

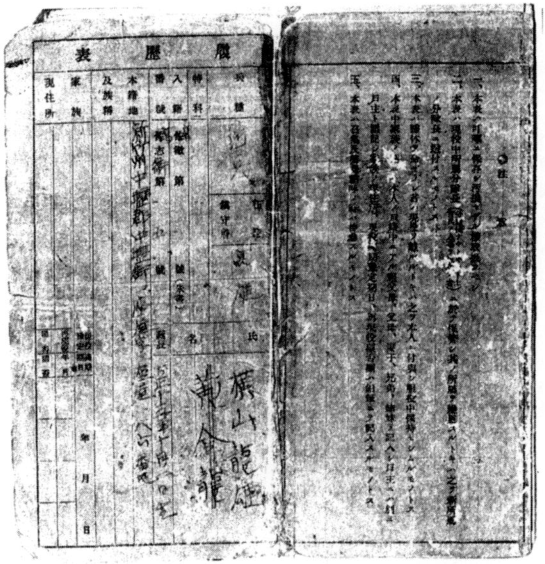

履歷表

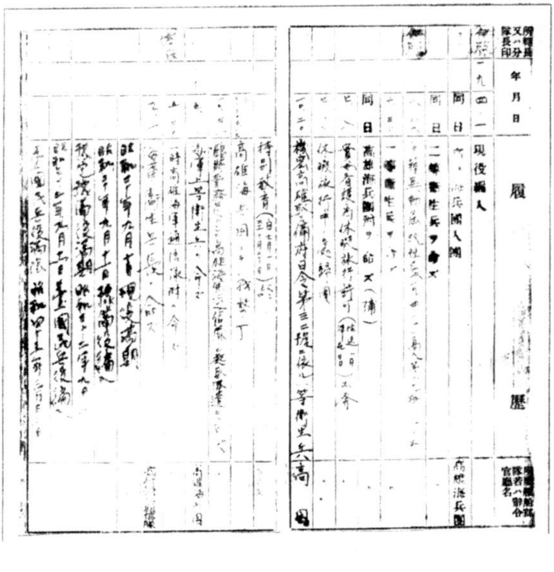

履歷

曾任醫院院長的黃金龍，以貧困出生而能學習醫務救人，軍旅能一等衛生兵特別教育為榮。

接受中壢葉步樑市長、陳里長頒發模範父親（右一）黃金龍夫人

黃金龍 全家福

《余榮宗》台灣海交會理事

我由中壢車站南下，手拿旗子歡送者人山人海，在新竹車站廣場，新竹州出身者集合集訓歡送時，我代表講了幾句話，但現今留在我腦海裡的是太陽旗的旗海。

入團那一天，秋老虎的太陽照著我們。當時我是十六歲，爲商業學校學生，心裡想，將來能不能畢業。因爲年齡不大，沒有想到死亡問題。

我隸第二分隊二教班。教班長立刻分幾件工作服給我們。都是極新棉布很厚的衣服，令人難忘。這使我自己的確已進了訓練所的感覺。可能我們的班表現優異，有時候馬場、浦島教班長把我們帶到海邊，由管房看不到的地方讓我們休息。馬場教班長是心腸很好的長官。

在某一天早晨的朝會中。訓育長石田大尉說了各分隊的槍手中，看到沒有好幾個參加朝會蹲在那裡的訓練生。大家以爲這將不得了，可是訓育長卻說：

「從普通社會來看的諸君，因爲非常嚴格的訓練，致使站不起來，是因爲熱心受訓的緣故」，誇獎了台灣青年。這位日本軍官，實在很難得。

結訓前夕，集一千人練習生於練兵場，訓育長從大堂頂上用手旗信號傳送將近五十個字，以測試受訓者的手旗能力，結果全部滿分，他說：「這比日本內地普通科信號兵的結訓成績還要好」，給台灣日本海軍高度肯定。

「倒棒」是我最拿手的課業。突擊要在後面，等前面者被對方強棒拉倒時，乘機爬上這些人身體肩膀頭上，衝上去把對方棒拉下來。這是我的戰法。有一天，浦島教班長想洗澡，叫一訓練生「去看今天可不可以洗澡（bath）」，訓練生去好久，回來報告說「今天沒有巴士」。在日本海軍，常用外來語，故發生這樣的笑話。

有一次外出，與姊姊會面，因爲下雨，逐興姊姊撐者雨傘，結果被一個下士注意說「軍人不可以打傘」。一定要穿雨衣，不能用雨傘。

星期天放假是最高興的。我們曾在半屏山設圈套抓兔子和羌仔。晚間抓到了一到早晨統統跑光了。尤其羌仔白牙齒最厲害，野生動物之求生毅力更令人自嘆不如。

海兵團結訓後，我們五、六十人被分發到台南海軍航空隊，那時獲得的調職費用五十日圓。當時教員的月薪為二十四、五日圓，所以待遇很好。有人說，海軍在戰地調職兩三次，便可存一筆相當可觀的財產。

報到當天晚上，參觀了老兵的吊床訓練。他們會身穿著黃油的髒衣服。每天的吊床訓練和清掃甲板是最辛苦的訓練，簡直不是人幹的。航空隊的夜間點名，因爲很難全體點名，因此我和苗栗的陳君，曾經躲在離營房沒有水的游泳池裡幾次。躲在那裡，看看天空星星，曾商量過逃亡。惟害怕被發覺。去兩三次以後，不敢再去了

在台南第二航空隊，我又很幸運遇到很親切的山崎教班長。此時，有一個很能動腦筋的中壢同鄉鍾君。晚間他不知怎麼到外邊弄來了雞蛋，次晨，把它與味噌和蔥攪攪拌在山崎先任教班長的早餐裡，他當然非常高興，那一天便天下太平。我出社會懂得拍上司馬屁，始於此時。

某晚上，鍾君從廚房偷來了三、四桶茄子鹹菜，先任士官叫我們趕快吃掉，於是一天三餐都吃茄子，吃得太多了，所以我現在都不想吃茄子。

一九四五年八月十五日以後，我在新市的海軍用品倉庫當衛兵。記得有幾位好強的二期兵曾於半夜，和當地人用卡車偷搬了不使少東西，中隊長雖然很生氣，亦似無可奈何。那時我如果膽子大，全部把它搬出來分給大家，現在一定很有錢，好可惜。

有一天黃昏，我在中隊所使用著的新市公會堂正門口站衛兵。馬路那邊有

一個帶草帽穿制服的好可愛女生，大概要回家。她取下草帽，行了一鞠躬。我看周遭沒有什麼人，於是我發現她是向我行禮的，故立刻立正立槍回她禮。這個美麗的情景，五十多年後歷歷仍在我眼前。今天的台灣人，如果能夠擁有那樣的教養，台灣必成爲名副其實的「美麗島」。實在可惜。

回想起來日本海軍的訓練和戰爭消耗了我的整個青春，更中斷了我的學業，但我對我的青年還是無悔和驕傲。

我先祖爲前清舉人余春錦及清朝舊學士余紹賡，同治七年（一八六年）二月，前來阿猴廳（今日屏東縣）內埔庄壽濟書院研讀經史詩賦，後遷居中壢石頭庄，在中壢壬林學舍開設書房教學徒。（請參看「中壢市志」）

我被取名余榮宗，其用意似乎要我「光宗耀祖」。但我後來時事所逼擔任日本海軍志願兵，算不算「光宗耀祖」呢？日本戰敗，我成爲戰勝國的中華民國國民，但那時候看到國民政府軍隊時很不習慣，因爲那是從前的「敵軍」。

後來我讀中興大學農學院，畢業後出任中壢農校校長，作育我同胞子弟，這或許能算是「光宗耀祖」吧。我在海軍志願兵同期同班同學蘇匡基台大農學院畢業後，曾任台中農學改良場場長、新竹農業改良場場長、農林廳的副廳長，爲台灣農業發展有貢獻實在難得。

現在我要說的是，在二次世界大戰期間陣亡的舊台灣日本軍眷屬被祭祀在靖國神社日本海交會來台慰靈等，基本上我們不反對，但和發動戰爭的甲級戰犯合祀在靖國神社實在有問題。我認爲日本政府應該考慮分祀這些甲級戰犯才對，何況台灣原住民也有其自己不同的祭拜方式。

二次大戰期間，日軍和美軍打得你死我活，中國與美國是盟邦；而今日美國與日本卻是盟國，美國和中國事事對抗，世事難料，使我感慨萬千。

慰靈祭

獸醫實習當動物醫生

培育花卉課程

〈照片提供：葉雲勛 校友〉

農場實習

當年在中壢的最高學府，就是中壢高級中學、中壢農業學校、中壢高級商業職業學校三所。我在中壢農校校長任內，還成立了農業土木科，因為學區太大，老師上實習課點名困難，因此還發生了一些趣事。

思いでのまにまに

余栄宗（嘉村栄一）
二二　高志整
台南航空隊（艦攻隊・ダグラス）、台南二空整備学校普通科
練習生、関廟崎

《鄭武傑》前聯誼會會長

鄭武傑（森村友雄）
三三三四　高志整
台南航空隊（艦攻隊・ダグラス）、台南二空整備学校普通科
練習生、新社基地

《黃東焜》黃敏

黃東焜，一九二七年出生於台南安定鄉，出生不久全家遷往台南縣關廟鄉，故有人說他是關廟人。他小學高等科畢業後，一九四二年奉父命進台灣電力株式會社從業員養成所受訓。培訓專業知識一年，術科實習半年後，黃東焜選外線科。結訓後從事外線工作。（爲台電的配電線系工作）

因外線工作辛苦又危險，且必須服務五年以上始能離職，而當時唯一可以離開的方式就是當志願兵。日軍加入第二次世界大戰戰局後，隨侵略版圖擴大，急需兵源，於是向時爲日本殖民地的台灣招募志願兵。一九四三年十月，黃敏報考海軍第一期特別志願兵，訓練六個月後分發到「高雄海兵團」，三個月後以「機關科」第一名畢業，當時海兵團規定，第一名的人一定要帶隊遠赴海外，就這

黃東焜任台電外線勤務

黃敏於一九四三年報考海軍第一期特別志願兵，訓練後分發到「海兵團」，圖為一九四四年結訓時的團體照（最後一排右一為黃敏）

樣，一九四四年六月，黃敏帶領二十名成員遠赴菲律賓馬尼拉，、向「第三十二航空隊」報到，後因部隊解散，改向「第三十一航空隊」報到，這兩個航空隊都是訓練「海軍特攻隊」爲主，也就是採自殺式攻擊的「神風特攻隊」。

在「第三十一航空隊」裡，黃敏受訓學習開車，成爲「駕駛兵」，一九四四年十月，聯軍開始轟炸馬尼拉，部隊便移往印尼日惹，由於當時海域已受聯軍控制，部隊只敢在晚間移防，「在海上航行時，攻擊的魚雷從海面上清楚可見，隨時都有可能遭魚雷擊中，十六艘船移至印尼日惹時只剩下四艘，在當時生命什麼時候會結束，誰也不知道，能活著，就像撿到的一樣。」黃敏的語氣中有著無限感慨。

一九四五年八月，日軍宣佈投降，原以爲戰爭結束可以回台灣，同年十月。印尼的蘇卡諾發動獨立運動，不但搶奪他們原本要交給聯軍的武器，還將所有航空隊人員軟禁起來。直到一九四六年五月，聯軍出面強制遣返被派到南洋的日籍兵。才獲得釋放。

一九四六年七月。身無長物，像個流浪漢一般的黃敏回到台南老家。由於一去數年毫無音訊，家人以爲他早已戰死沙場，如今乍現眼前，恍如隔世。日後他雖回到台電服務。但以黃敏這個藝名，開始作詞作曲，插足演藝界。他的處女作「流浪的馬車」轟動全省。

知名歌星鳳飛飛、白嘉莉、歐陽菲菲、費玉清、蔡幸娟、洪榮宏〈風醉雨也醉〉〈一支小雨傘〉、陳盈潔、李茂山〈今夜又擱塊落雨〉等都曾受教於黃東焜即黃敏。黃敏曾在音樂界、電視劇界和攝影界，紅極一時，對台灣藝術水準之提升，貢獻至大。而且，晚年他還畫抽象畫呢。從電線少年工到藝術界的大師，黃東焜是多才多藝的台灣藝壇大師，確當無愧。他是海軍志願兵中唯一

黃敏（黃東焜　松山文彥）
3.4.機
樂壇相思雨、流浪的馬車作曲人

黃敏（黃東焜）在流行樂壇和攝影領域投注了三十多年心力，成果頗為豐碩。（左一）黃敏夫人

《蘇祐明》

一九四三年，入日本海軍志願兵訓練所受訓，隔年進高雄海兵團衛生兵班，結訓後在高雄海軍醫院服務。同年前往日本，進戶塚海軍衛生學校受訓，一九四五年五月服務於吳海軍醫院，同年八月，日本投降。

一九五一年，蘇祐明通過日本農林省家畜人工授精考試，獲得家畜人工授精師資格，於一九五六年一月，和日本太太帶一個兒子回到台灣。二月，進台灣省畜產試驗所人工授精中心服務。

一九五九年至六〇年，在日本畜產試驗所家畜衛生試驗所和京都大學前後研修一年。一九六一年出任台灣省畜產試驗所人工授精中心主任。

一九七八年四月六日，榮獲日本家畜繁殖會齋藤賞（獎），他在授精畜牧改良方面的學術和技術成就和業績，獲得日本新界的高度肯定。一九八〇年十月十四日，蘇祐明應舉行日本岩手大學之日本家畜會授精研究會全國大會，演講台灣家畜人工授精概況。

一九七四年，蘇氏曾在越南農技團服務一年。一九八三年由台灣省畜產試驗所提早退休。一九八三年出任泰國卜峰集團顧問，在印尼大約兩年，新加坡四年，泰國方面五年，足跡遍及東南亞，現今為卜峰公司顧問。

蘇祐明是台灣家畜業（包括豬、牛、羊等）人工授精技術的權威，對台灣畜牧業界貢獻非常大，他也是農村的畜牧界婦產科醫生，造福社會，回首當年入日本海軍志願兵是為戰爭，而現在的勤務是創造生命，真是不可思議的傑出人物。

家畜人工受精權威・造福農村的畜牧界婦產科醫生
——蘇祐明

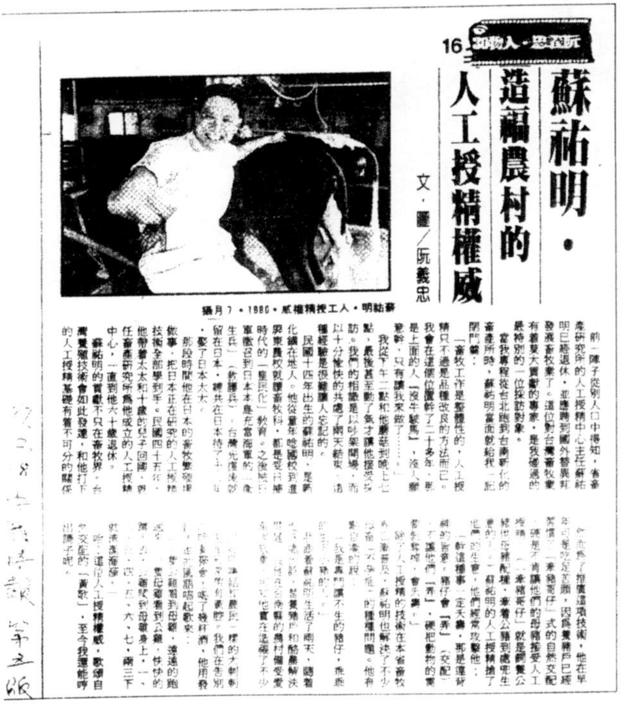

新故思・人物 16

蘇祐明・造福農村的人工授精權威

文・圖／阮義忠

蘇祐明・人工授精權威・1980・7月攝

前一陣子從別人口中得知，省畜產研究所的人工授精中心主任蘇祐明已經退休，並應聘到國外替異邦發展畜牧業了。這位對台灣畜牧業有著莫大貢獻的專家，是我碰過的最特別的一位採訪對象。

當我專程從台北跑到台南新化的畜產所時，蘇祐明當面就給我一記閉門羹：

「畜牧工作是整體性的，人工授精只不過是品種改良的方法而已。我會在這個位置幹了二十多年，那是上面的人『沒牛駛馬』，沒人願意幹，只有讓我來做了……。」

我從下午二點和他磨菇到晚上七點，最後甚至動了氣才讓他接受採訪。我們的相識是以吵架開場，而以十分愉快的共處了兩天結束，這種經驗是很難讓人忘記的。

民國十四年出生的蘇祐明，是新化鎮在地人。他從童年唸國校到進屏東農校就讀畜牧科，都是受日據時代的「皇民化」教育。之後被日軍徵召到日本本島充當海軍的「[illegible]生兵」（[illegible]兵），台灣光復後就留在日本，總共在日本待了十一年，娶了日本太太。

那段時間他在日本的畜牧業從事，把日本正在研究的人工授精技術全部學到手。民國四十五年，他帶著太太和十歲的兒子回國，並任畜產研究所為他成立的人工授精中心，一直到他六十歲退休。

蘇祐明的貢獻不只在畜牧界，台灣養豬技術會如此發達，和他打下的人工授精基礎有著不可分的關係。

[illegible]為了推廣這項技術，他在早年可是吃足苦頭，因為養豬戶已經習慣了「牽豬哥仔」式的自然交配，硬是不肯讓他們的母豬接受人工授精。（「牽豬哥仔」就是飼養公豬供母豬配種，牽著公豬到處兜生意的人。）蘇祐明的人工授精搶了他們的生意，他們經常攻擊他：

「幹這種事一定夭壽，那是違背天的旨意，豬仔會『弄』（交配），不讓他們『弄』，硬把動物的需要剝奪，會夭壽。」

[illegible]

……這位人工授精權威，歌頌自然交配的「青歌」，至今我還能哼出[illegible]呢。

蘇祐明
台灣海軍志願軍第一期
戸塚海軍學校，日本呉海軍醫院
現　職：台灣卜峰顧問

昭和十八年海軍特別兵訓練所入所
昭和十九年高雄海兵团衛生兵入团
昭和十九年高雄海軍病院勤務
昭和十九年月日本戸塚海軍衛生学校
昭和二十年五月呉海軍病院勤務
同年八月始戦
日本農林省家畜人工授精考試及合格
家畜人工授精師の資格を得る
民国四十五年一月帰国

民国四十五年二月台湾省畜産試験所人工授精中心（生理系）勤務
民国四十八年～四十九年一年間日本畜産試験所、家畜衛生試所、京都大学にて研修
民国五十年台湾省畜産試所人工授精中心主任
昭和五十三年四月六日、日本家畜繁殖会の斉藤賞を受賞す
一九八〇年十月十四日、日本岩手大学にて開催された日本家畜人工授精研究会全国大会にえにいて台湾の家畜人工授精について講演した
民国六十四年越南農技団勤務一年
民国七十二年台湾省畜産試所（現在政行院農委会畜産試験所）提早退休
民国七十二年泰国卜蜂集団顧問として印尼（約三年）新加坡（四年）泰国（約五年）
現在台湾卜蜂公司顧問

《郭 河》

一九四三年十月，從訓練所海兵團我們經過很嚴格的挑選下，一千名台灣青年當上日本海軍志願兵，進設在高雄的「台灣總督府海軍特別志願者訓練所」受訓。

日本海軍兵分爲水兵、機關兵、工作兵、飛行兵、整備兵、衛生兵和主計兵。水兵兵科爲海軍的骨幹，佔全體八〇%，其餘佔二〇%，但各分隊第一志願的添寫水兵者少之又少，理由是當時是日本海軍已被美軍打得一塌糊塗，水兵多被調去陸戰隊，極爲危險。

可是，我第一、二、三志願都添寫水兵，故被編入兵分隊，進高雄海兵團受三個月訓練。分發時，大家都不希望在船艦上，使先任教育班長頭痛，但我卻添寫第一志願戰艦。第二志願新加坡，第三志願台灣以及其他任何地方，最後分發到高雄海軍港務部；高雄海軍港務部的主要任務是，整備港灣和救助遭難。除一艘救助船外，有幾條三十噸五十噸的拖船和不到十噸的長官艇一艘。

一九四四年後日本投降，美軍已掌控了制空權和制海權，開始進攻菲律賓，所以日軍無法抗拒美軍。美國機動部隊開始轟炸台灣。所有機場跑道幾乎均被炸毀，據說台灣岡山航空隊，每三公尺就被丟一個炸彈。

有一次我們接到美軍潛艇正在救助美軍飛行員罹難的消息。結果俘虜了一男一女，男的駕駛員，女的是無線電人員還水葬了隔天浮上來的美軍拿人死屍，因爲無法火葬。

被轟炸的高雄港倉庫燒了好幾天。而據我們海兵團的同學說，俘虜的即兩個美國兵，被帶到海兵團，依本間海兵團團長命令，在教育班長示範下，讓兵團的戰兵，每個人揍美國兵一個拳頭。

橫須賀海軍航海學校受訓與分發佐世保；一九四四年十一月上旬，我與其他五個人，爲了進橫須賀航海學校，從高雄乘貨物船豐川丸，歷經滄桑，十天後登陸博多（今日的福岡）。本來我們要搭乘的特務巡洋艦護國丸，在途中遭受美軍潛艇攻擊沈海，八〇%殉難，我們眞撿到一條命。

隔天到橫須賀，編入海軍航海學校第五十分隊，第十六期普通科信號術練習生，與朝鮮（韓國）的八十人，和在「護國丸」獲救的二十人（本爲八十人）同時受訓。我們提早結業，於一九四五年四月一日，郭河任命為佐世保海軍防備隊附，成為三萬以上部隊之信號分隊的水信號員，在司令台輪流擔任監視信號兵，大佐（上校）山田司令對我還不錯。

郭河外出時，曾有過小小的違反交通規則行為，被巡邏隊發覺，幸好由齊領隊疏通，故為受訓處罰。說而言之在，佐世保的工作相當順利。

不久，郭河被派往川崎的三隻徵用船擔任信號員長。記得六月間，佐世保遭受美空軍轟炸，死了幾萬人，如果那時還在佐世保，是不是有命就很難說了。當時被徵用的三隻船皆為三百五十噸以上的木造機帆船。我被派去的是三井公司的兩百七十五頓的第八惠山丸。此船被改造為驅潛特務艇，除原來船員外，以上士和艦長，不到二十人的兵員，我是它的信號員長。

此時，美軍已在進攻菲律賓雷特島，轟炸台灣和琉球。日軍已無能力反擊，美軍且在川崎造船所附近空投許多文宣傳單，抨擊日本軍閥行徑，喚起日本國民厭戰意識。我曾偷偷看過宣傳單，給我最深的印象是：脫光衣服只掛著一張布，並且瘦如皮包骨的日本兵，現正在南方戰地等著補給的照片，還附有投降用的良民證，和軍團主義者吹牛時，民家和房屋一起拉倒的漫畫。但這並未影響日本人的鬥志。

七月下旬，橫須賀首次遭到美軍空襲。八月十五日日本接受波茨坦宣言投降。郭河晉升兵長，領得一年半的薪水，帶著軍帽、軍服、內衣、皮鞋、襪子、毛毯等退伍。先到佐世保租房子住，以等待回台灣。

日本戰敗後，台灣人成爲中國籍，變成一等國民，故有的人亂用特權，做些非法勾當賺錢，令有心人非常難過。郭河於一九四五年十二月二十九日，乘防空驅逐艦夏丹，從鹿兒島的加治木港，離開日本，十二月三十一日抵達基隆。登陸以後，在基隆市政府一樓，吃了用水桶裝的甜點，大家互相道別，回到家鄉。

郭河逐向前台中州水產試驗所申請復職，當時該所已經改變成爲台中縣立水產試驗場，幸好被留用的日人平塚均擔任試驗場長，所以歡迎郭河復職，出任試驗場技佐。

郭河很感恩自己經過多次危險兒能平安無險，故希望在食生活方面對人有所貢獻。而有趣的是，戰爭結束時，由橫須賀寫給家裡報平安的明信片，竟於一九四六年六月才寄到。

因爲時隔五十年，郭河說文中所寫上司同事大名多忘了。如果有緣，請能連絡。

＊郭河爲吳郭魚發現者

台湾特志兵戦争体験を語る（台灣特志兵的戰爭體驗）

郭河（和田俊雄）

三一　高志水一五八

高雄海軍港務部、横須賀海軍航海学校普通科信号術練習生、佐世保防隊

《盧贊貴》

盧贊貴於一九四五年三月，從橫須賀海軍航海學校信號科結業，分發於陸上部隊成爲廣島江田島海軍兵學校（相當於我國海軍官校）的看守，每星期在古鷹山值班一次。

古鷹山海拔八十一公尺，八月六日，盧贊貴和一個下士一起值班，那下士拜託他，故前天晚上外出沒有睡好，請讓他休息一下……。他同意「代勞」。值班時他親眼看到廣島上空好大的爆炸聲和強大白色閃光，一塊像蘑菇的白雲，慢慢擴大，變成薄、黑暗，地上淡紅，處處燒得紅紅地。其燒灰有如白粉，也飄觀察台，觀察台的玻璃窗碎了三面。徐風吹來一點煙味。這是盧贊貴當日所目睹美軍在廣島投下原子彈的情形。

広島に原爆の投下（目睹廣島原子彈爆發）

盧賛貴（芦田毅）

一三　高志水一七

岡山航空隊砲撃班、横須（航海学校普通科練習生航海科信号兵）、江田島学校

《周欽塗》

我年輕時一直想做眞正的日本人，相信日本是神國，但在中學時代，感覺台灣人在食物品配給上和考試制度上，受到日本當局的差別待遇，自問台灣人是否因爲不夠徹底皇民化才遭到這樣的命運。

我考取第一期海軍志願兵，在訓練所一心一意爲作海軍士兵，努力接受訓練，任勞忍怨，受盡苦頭。結束海兵團訓練之後，在軍艦實習，備受艱辛。後來考上特勤隊飛行員，希望台灣島民爭光。

（左）李煥坤〔大原文夫〕、（右）周欽塗，二次大戰結束後被安置在新居町濱名海兵團

從鹿兒島航空隊轉到土浦航空隊，爲當時大家所羨慕的飛行預科練習生，簡稱「預科練」。在土浦日本投降。爾後變成爲普通勞工，從事河川治水工作等等，敗戰的日本政府自顧不了我們的生活。

預科練（飛行預科練習生勤務）

周欽塗（吉岡健）

三一　高志飛一

岡山海軍通信隊、鹿児島海軍航空隊、土浦海軍航空隊飛行予科練習生

《李煥坤》

我是新竹師範學校講習班第一期畢業生，曾任小學教員。一九四三年七月，考上第一期台灣海軍特別志願兵，與前總統李登輝胞兄李登欽（岩里武則）（附照片）同期。李登欽的學號爲四一一一號，我是四一一三號。

入伍前，李登欽在台中當警察。臉四方形，遠比李登輝矮，身高一六三公分我最矮。我們屬於第四分隊一教班。李登欽常常笑臉。有很多鬍子，是好好先生。當時我十九歲，李登欽二十四歲，是同年兵中最長者。

他已有妻和小孩。爲人認

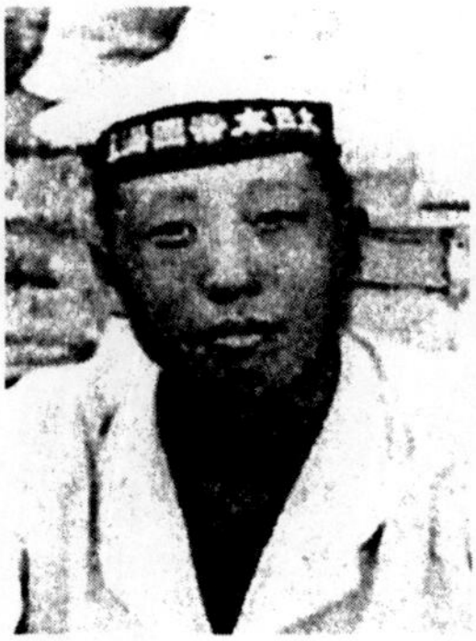

李登欽（岩里武則）
戰死
李登輝胞兄

眞，很受大家歡迎。操練後，不知從哪裡借來日本刀，表演劍舞，令我難忘。進海兵團後，調查志願兵科時，我請教李登欽，他說要學一生都能能用得上的技術，故我塡機關科。

此時他屬三十一分隊一教班，我是二教班。術科訓練他站在我前面。焚火術訓練時，李登欽的左手有問題。握鏟子握不著，因不得已，教班長也原諒他。經過三個月訓練，我到日本的機關學校，之前在台南航空隊實習，李登欽志願到前線，最後在菲律賓陣亡。

一九四四年十月十二日，美軍幾百架坤習南台灣。十四日空襲時，我九死一生，撿了一命。當時在台灣，內地人（日本人）和本島人（台灣人）在待遇上有很大的差別。同樣師範學校畢業。日本人多六成津貼。日本人配給白糖，台灣人是黑糖，日本人是赤肉，台灣人白肉，日本配給純白細薄棉布，台灣人是淡黃粗布。日本人是一等國民，「關語之家」、「改姓名者」「志願兵」是二等國民，一般台灣人是三等國民。日本戰敗，台灣人還是台灣人。

在大楠機關學校受訓時，因天氣太冷，台灣兵

受不了，故要多用水廚房事皆由朝鮮兵負責。但朝鮮兵偏心。發生了給台灣兵飯菜少，朝鮮兵多的情事。結訓後，我和王偉雄、江登源、史順興、徐德庚、蔡啓忠六人留校；屬橫須賀鎮守府；李三坤、黃俊光、武田浩一等三人到海軍兵學校。

王鈴河、莊阿宗、劉蘭桂、松林建吉四人到吳鎮守府；張石柱、山村武雄、廣松永久三人分發到岩國航空隊；竹田伸彥、秋田敏男、森岡政雄前往佐伯航空隊；長岡義雄、黃文度、福村信政分法到至松山航空隊；段賜安、高田弦一郎、柳川空之到佐伯防空隊，這十九人也屬於吳鎮守府

其他二十五人歐陽金山、柳川胤彥、黃秀乾、林嘉桔、恆村博義、廖金興、長本安男、森田茂男、林寬裕、島田俊雄、玉村勝美、粘楠桔、石村宏德、謝鶴年、蔡坤河、鄭智化、劉清標、郭居福、山本明知、廣田繁夫、莊仁輝、宮森從道、周溫垚、田村哲雄、德田秋雄，決定送回台灣，臨時編入佐世保海兵團。因無船回台灣，故日本投降時在佐世保。

其他一期生，由吳軍港回國者橫須賀鎮守府看轄二十二人、從事方龍川治水工程的二十七人、工作科一百零五人、機關科六十人，共一百三十八人。

我於一九四五年十二月三十日，由浦賀乘「長運丸」回台灣。當天晚上，大家不約而同地分別舉行慶祝回鄉的宴會。大家都拿出自己手上的食物，我捐出人

家送我的一瓶花生米。

除夕，長運丸經過紀尾半島海面，繞過四國，從豐後水道進吳軍港，接工作科六人，飛行科十六名台灣兵，一九四六年元旦看到初雪。我們一百七十二名日本海軍戰敗兵，下船後仍然排隊，整齊步伐離開碼頭，行海軍禮後解散。

從訓練所，經過八百五十七天亦即兩年三個月四天，我的日本海軍軍人生活到下句點。日本雖然戰敗，但我並不後悔，這是時代所趨，年輕人的使（宿）命。離開時，我們只分配到十天的糧食和八百日圓的遣散費。面對台灣的軍人，昔日敵軍的日本海軍特別志願兵是可憐。

右──木原文夫（李煥坤）

《林天意》

林天意於一九四四年七月一日，被分發智彌陀派遣隊，在那裡很認識了九州出身的整備兵曹（士官）林健次。林大他三、四歲，對他很親切和照顧。林健次爲「九六陸攻」隊員。

林健次於九月某夜，奉命要乘「九六陸攻」巡視南台灣的演習情況。起飛前，林問他要不要一道去。林天意回答恐怕不行吧。林健次的飛機，在東港附近上空，與由東港起飛的水陸兩用的飛行艇擦撞，兩架飛機掉下來，雙方飛行員和整備兵全部罹難。

一九四四年十月十二日以後，美國開始進攻台灣。十月十三日上午八時左右，美國偵察機前來投下前一天所拍的偵察照片，林天意也撿了一張看之。照片拍得很清楚，地面上的狀況一目瞭然，還有日文的招降傳單，要大家放下武器投降。當然沒有人理會這種文宣。

經過大約十分鐘，他看到日本零戰鬥機與美國的格拉曼戰鬥機的空戰他目睹飛機被擊落，拖著白煙或火燒掉下來的情況，深感戰爭之恐怖。同時他看到格拉曼戰鬥機的機槍掃射。有一個預科練習生被打中，雖被抬進防空洞治療，結果死了。

林天意（林　洋吉）

二三　高志整

高雄航空隊整備隊員、台南二空整備学校普通科練習生、高雄航空隊一式陸攻整備員

《曾清田》

我受完訓後，被分發到高雄海軍航空隊，四個月之後，調到台中大雅公館航空隊，三個月之後又調到台南二空整備學校練習部。

二月十一日（日本建國紀念日，叫做紀元節）放假，我因要哥哥、姊姊、老友見面，想好看一點，到理髮店去理髮，把鬍子刮得很乾淨。結果歸隊之後，被教育班長看到，他罵我不太像話。於是先任下士官把我們集合起來，他手拿棒球棒（日人稱爲改心棒），對大家怒說這個傢伙的樣子不太像話，不像個日本軍人，故把我拖出來，大打我屁股三下。

我的班長，由先任下士官接下棒子，又大打我屁股三下，隨即一個兵長，也要求用同樣棒子，打我三下屁股，一共被打九次，眞是痛得要命。當然，這是以我作爲榜樣，以警告其他同學，決不可以這樣作。

後來又一次，因晒的軍裝被人家偷走，又沒人出來認罪，於是大家被大打屁股。那時一期生和二期生住在一起，一期生打五下，二期生打三下。那時有一位朋友很同情我，把我帶到防空洞，用雜草作藥，並以石頭敲打，然後毛巾含那藥汁，這樣反覆地醫我屁股，減少了我許多痛苦。

我每想到此事，就想起這位同學，很想當面謝謝他。但我想忘記了他的尊姓大名，如果有人知道，或自己，請與我連絡，則銘感五腑。

曾清田君著銃剣術服裝

曾清田休假和故鄉友合影

芋生教班長曾清田・江宗維
江英弘・西川征夫・林大龍　諸君

曾清田
二三　高志整
高雄航空隊、大雅公館航空隊、台南二空整備学校普通科練習生、弥陀航空隊

《李玉輝》

李玉輝原籍地（籍貫）爲台南嘉義郡番路庄轆子腳一〇九番地。他於一九四四年六月三十日，在海兵團受訓三個月後，以海軍一等兵，分發擔任海軍陸戰隊第三十二特別根據地（菲律賓、民答那峨、佐朗卡尼）附，該年九月中旬，在佐朗卡尼海岸受傷，該年十月十日，住進九州佐世保海軍醫院。一九四五年二月底，回到高雄海兵團。

李玉輝　訓練所時攝

李氏從每日下雪很冷的別府山上出發，由門司乘高砂丸在上海加油，回到高雄時他哭了。回到高雄海兵團時，他的體重只有四十公斤左右，走路都問題，故被送往草山（今日的陽明山）溫泉療養。

回到高雄海兵因兩個月以後，B29開始轟炸，經驗在戰地所經過的經驗。一九四五年四月三日，李玉輝爲某中尉送便當到防空洞，B29來空襲，他在防空洞門前蹲下來時，司令部的這個防空洞吃了一顆五百公斤的炸彈，死了一百二十七個人，其中一半是台灣出身的兵士，李玉輝人事不省。

隔天他被配往岡山監督燒死體。燒完後，將骨頭放進白木盒子。寫上名字。第三天，他帶了七個人遺骨到嘉義。他曾在嘉義受過訓，此時嘉義車站北側變成廢墟，沒有電燈，在黑暗中將遺骨交給期遺族。其中有一個母親，看到白木盒時，暈倒了。大家花了好長時間把她叫醒，才把白盒子帶回去。

戰後海兵團解散，李玉輝與陳國財一起，在第三期的吳文慶家過一夜，他趕回在大埤山他老家。其母親看他回來高興得哭起來，他也放聲一起哭。草房屋子院子還立著出征軍人之家的旗子，他母親把它拉下來點火燒了。他覺得如果沒有把它燒掉，這隻旗子應該會是寶貴的東西。他在著名的黃東武牧師證婚下，於他外祖父結婚的同一個教堂結婚，育有二男二女。

李玉輝（松永勝成）
三一四七　高志水
第卅二特根（菲南・シンダナオ島サランガニ）戦傷、佐世保海軍病院、高雄海兵団。

《劉智榮》

一九四四年七月二十九日，待機於海兵團地十一分隊和第十二分隊的劉智榮等兩百多人上船，與其他好多船隻前往菲律賓。

船因又於八月二日出發。此時日本聯合艦隊司令長官海軍大將古賀峰一所乘飛機掉下來罹難，他是繼承山本五十六的，山本所乘飛機係被美軍擊落。八月十五日，船因抵達張坡安卡港。佐佐木副長（海軍少佐。他因參加五·一五事件，停止晉昇，照普通道理，此時他應昇至中將）准許大家洗澡。劉智榮忘不了當時高興的情形。

此時美軍轟炸日熾。在菲律賓南方戰線。劉氏的同期生犧牲了六個人。詹德修、江宗維、謝阿簣、陳登全、林火盛和劉樹文、林恬義雄和森內信光（此二名也是台灣人）。

一九四五年三月八日，美軍機隊部隊巡洋艦八艘、驅逐艦二十艘、小艦輸送船大約八十艘，海軍一起猛攻巴西朗海域。三月十日，美軍由拉密丹方面登陸。四月十五日，陳先閔、簣欲，五月十五日，張清雲、吳鍊、魏鎮、陳文照、陳天炳、太田榕雄等人犧牲，李來園負傷昏迷被俘虜。

從三月十日至二十二日，包括戰死、餓死、病死者，有林江山、吉田武男、周土城、程樹譚、李耀廷。他們不知日本已投降，而繼續作戰。在這兩百十四天的作戰中，犧牲者有：李樹全、王文漢、周錦灶、張大目、蔡煥磚、吳添丁、彭朝旺、齊藤隆成、劉琛、闔兩傳、陳錫磐、李福春、林田忠雄、廖水仰、高聲墀安永萬壽雄、林火炎、江藤岩男、董丁坤、林名鐘和柳川昇一。被分發在菲律賓民答那娥、納卯氏的海軍第三十二特別根據地附近張坡安第三十三警備對陸戰隊第五中隊的還彎第一期海軍志願兵的五十人，最後復員回台灣的，包括劉智榮一共二十三人。

菲南戰線

劉智栄（石井　昇）

四二　高志水

第三十三警備隊司令部附（ザンボアンガ）・イサベラ基地魚雷特攻指揮所附。

《王秋榮》

王秋榮結訓時，仍然留在高雄海兵團，在海軍設施部再受四個月的訓練。一九四四年十一月一日。以第三期普通科練習生來分，進靜岡縣沼津工作學校，他於十一月六日，乘由南洋要回日本的船，於十一月十二日抵達博多，下船後在下關住一晚，隔日乘軍用列車前往沼津。

台灣的一期生和二期生五十人，與朝鮮的一、二期五十人，共計一百人，編成一分隊，並分成汽車班和卡車二班。因爲那一年特別冷，最冷時攝氏零下二十三度。他們也免不了以棒球打屁股。那麼冷，被連打五下，眞是痛苦不堪，不忍再提。台灣出身的二期生兩個人，病死，其餘四十八人結業後被分發吳和佐世保。王秋榮被分發到佐世保。不久被調往長崎縣列島的福江島，一到即日本投降，在那裡從事建設陣地的工作。

戰後的九月。回到佐世保海軍設施部，等待回國的船隻期間，王秋榮曾去被投下原子彈的廣島和長崎，眞是慘不忍睹。一九四四年底，乘驅逐艦，隔年元旦回到基隆。

王秋栄

二二　高志工一四

高雄海軍工作部講習生、沼津工作学校普通科練習生、佐世保施設三二一六設栄隊。

2分隊2校班

左一起　吳旦、楊加再、巫喜多、楊指北、王秋榮

《林淵謀》

一九四三年十月一日，林淵謀以日名林秀彥，進訓練所，隔年四月一日進高雄海兵團。海兵團結業後，擔任第二期主計兵分隊分隊附。四個月後，與二期生的鈴衡候補乘豊川丸，由高雄出發前往日本，進東京海軍經營學校（位於東京都品川區東京灣對面，今日之東京水產學校）。

經理學校結業後，他被分發至九州福岡線系島郡前原小富士海軍航空隊主計科事務室。兵營在山洞裡，以免遭到美軍轟炸。一九四五年十二月三十一日，由鹿兒島乘驅逐艦「夏月」，他回到台灣。

他在日本海軍最深刻的記憶是，在經理學校受訓，上速記課時，他忘了教官剛剛所說的一句話，而停在那裡。教官走到他身邊，沒看他有繼續寫，以爲他在偷懶，逐把他叫到講台上，用木槍打他屁股。不知道打了幾下，把木槍打斷了。他以爲教官會拿新的木槍來繼續打。結果教官卻宣佈說這堂不上了，並回到教官室。林淵謀以對不起教官和同學。便跑到教官室向教官道歉。在軍隊裡，不管有任何理由，是不許自我狡辯。

東京海軍経理学校の思い出

林淵謀（林秀彦）
一三　高志主三九
高雄海兵団第二期主計兵分隊附、東京海軍経理学校第81期普通科衣糧術練習生、小富士海軍航空隊主計科事務室勤務

品川経理学校（原海軍経理学校）

《陳火傳》

陳火傳於一九四三年，由許許多多的青年中，被選擇成為台灣總督府海軍特別志願兵的一員。於十月一日入高雄海軍志願者訓練所受訓。由家鄉出發時，受訓郡役所官員和學生、親友歡呼相送。

一九四四年四月一日，進海兵團，受三個月的嚴格訓練。因為陳氏為飛行整備科，要分發到菲律賓馬尼拉的第三十一航空隊。前往馬尼拉途中載滿陸軍的一萬噸級友船被美軍擊沈，他們救了不少人。

他們的船為一千噸級的小型運輸輪，他們舊的陸軍兵，移給友軍船隻，死者即丟進海裡，這是上面的規定，叫做海葬。巴西海峽的海浪特別高。在巴西海峽目睹那麼多戰友犧牲，深感戰爭可怕和殘酷。

抵達馬尼拉後，乘卡車到了第三十一航空隊，還是海軍飛行預科練習所的練習生航空隊，既無武裝，也無戰鬥力。

因為美軍將進攻雷特島，故他們將移到印尼爪哇。他們屬於第三批，第一批和第二批出航船皆被美軍潛艇擊沈，死了大約一半的戰友。他們的船差一點被擊中。船團四散，他們的船避難新加坡。在那裡發現很像杏仁茶的飲料，華僑小姐賣此種飲料。因語言（當地華僑大多講閩南語）能通，小姐請他們三個同期生到他家吃了飯，太親切了，至今難忘。

一星期後，轉進約客雅嘉達。南海波浪小風景漂亮。該地物資豐富，印尼人比較溫順朴素。在第三十一航空大約一年，一九四五年八月十五日，日皇正式宣佈投降。我們爲日本爲天皇完成了任務。

戦争を偲び　航海体験を語る

陳火伝

三四　高志整

マニラ第三十一航空隊、インドネシャ・ジャワ島ジョクジャカルタに転進。

《段賜安》

段賜安於一九四四年四月一日，進高雄海兵團受訓，第一天晚飯後，每個人皆被教育班長用棒球棒子打屁股。第一個人被打時大聲喊叫，教育班長問他痛不痛，他據實說很痛。故又打他一下，再問他痛不同，難爲很痛，但又不敢說痛面說不痛。還得說謝謝。教育班長說「這是灌注海軍的傳統精神」。那根棒子叫做「改心棒」。段氏說，那種痛，至今難忘。前後說李登輝之胞兄李登欽（日名岩里武則）與他同班，李登欽於一九四五年二月，陣亡於菲律賓，進了靖國神社。

一九四四年六月三十日，海兵團結業，分發至台南航空隊，昇級爲一等機關兵，在發電機室工作。一等兵除一般工作外，要照顧班長的身邊雜事和伙食，日本軍人，早一天進來就是前輩。可以管你，非常神氣

入伍不久，換了司令，新司令叫做高橋俊作，爲海軍大佐，更是「艦隊勤務」這首將之大名之軍歌的作詞者馳名。它的最後一句話是「月月火水木金金」，即是一個星期中沒有星期六和星期天，每天都要受訓。（月曜爲星期

一，火曜爲星期二，水曜爲星期三，木曜爲星期四，金曜爲星期五）。段賜安把他母親送來的十個雞蛋藏在衣櫃，準備每天生吃一個，以補身體，惟因八月天氣點熱，雞蛋變質，吃了結果患赤痢，住院被迫絕食三天，以後喝米湯，十天以後出院。在住院時，護士小姐對他唱「長崎物語」、「湖畔之宿」等流行歌。

歸還艦隊後，以私藏雞蛋違反軍紀，以棒子被打十八下屁股，令他哭了半天。九月，戰局惡化，美軍開始轟炸，班長中島上機曹（上士）被炸死。十月底，奉命上運輸輪「豐川丸」，前往橫須賀。他們在九州八幡（今日北九州市）港登陸，換乘火車在門思（北九州市）港住一晚，然後坐火車到橫須賀。進海軍工機學校衣笠分校（後來改名大楠機關學校）。

在此地受訓的，台灣人，朝鮮人各五十人，一桌五名爲混合制，受訓六個月。上課主要內容惟汽車的結構學和開車的實務，最後的階段市跑遍三浦半島。有一次特別到東京，順便參拜了靖國神社。因朝鮮人成長於寒帶，能適應日本的氣候和環境，台灣人在這一點遠不如朝鮮，。故無法與他們競爭。台灣人身上還生了虱子。

一九四五年三月底結訓，段賜安被分發到九州大分縣佐伯防備校，此時正式櫻花開時節，他晉身了上等兵。從此以後，他受到班長和士官的尊重，不會受到處罰和被打屁股。但到四月下旬就受到美軍的轟炸，一直到日本投降，他們在防空洞過日子。

八月十五日投降，段氏昇任兵長，因會開車，逐成爲改名「吳掃海隊佐伯支部」的司機，用卡車運送軍需品和糧食。美軍接收人員則在機場跑到了武器和彈藥。

十一月，善後工作告一段落後，他被掉去擔任司令官海軍少將太原進坐車的駕駛員。太原對他表示，如果他想留在日本，太原願意幫忙，如果想回台灣，太原會設法讓他早日成行。

有一天段賜安在街上蹓躂時，聽到有人在講台灣話，逐進去看之，是在經營木材公司的吳姓家。經其介紹，他又認識另外一位台灣人。故此段氏外出時常到他家，因此因緣認識了台灣出生的十八歲日本女性，經過各種插曲，回到台灣後於一九四六年，與這位女性結婚，生了五個女兒。

人的命運變幻莫測，什麼事都可能發生。健康長壽是很重要的，他最後的感恩。

段賜安（岡村政幸）
三一三六　高志機四九
台南航空隊（電機室員）、大楠機関学校、佐伯防備隊附（司令官
乗車運転員）。

（左）黃東焜夫婦、（中）黃金龍君、
（右）段賜安夫婦〈黃金龍 攝〉

《白欽堂》

我因擔任伙食委員，在廚房偷吃了一口鍋巴，被教育班長打了十八下屁股。當天晚上，幾位同學幫我擦藥，給我按摩，終身難忘。

被打之後，覺得屁股又腫又痛，簡直比死還要痛苦。巡檢的班長和二十幾名嘉義出身的同學來看我。那天晚上，我完全不能有睡。但隔天的起床，跑步，我還是忍痛完成了。惟因屁股腫得很大，故我兩個星期沒有到澡堂洗澡，只用毛巾擦。

後來據說，跟我同樣是，有一個同學被打十下就暈過去了。他被灌水，然後打八下。結果他起來，最後被迫退學，沒有畢業。這個人瘦瘦高高，屁股肉少，可能被打到腰，所以起不來。我的屁股，經過自己治療，半個月後完全恢復了。

在日本海軍，犯規者都要以棍棒打屁股。團體比賽，輸的團隊要受處罰？

大多每個人被打一、兩下屁股，或全體被罰跑步。團體比賽，有的時候是一個對一個的比賽，但個人贏，團體輸了，贏的人也要以團體受處罰。理由是，軍艦上的人是一條命，沒有個人的輸贏。

打屁股，除用木棍外，也用好大的飯杓；更用浸在海水的繩子。用浸海水的繩子打屁股，那簡直是要命。所以在日本海軍呆過的人，打屁股實無一能倖免，而這也是每個海軍士兵最難忘的回憶。

台灣第一期海軍志願兵受訓六個月，第二期是四個月，一共招考了六期。我們組織有台灣海交聯誼會。我們第一期生在日本海軍生活過不到三年。常常有人向：日本海軍的傳統是什麼。我想舉出日本海交會全國聯合會顧問寺崎隆治的看法，供大家參考。

（一）發揚忠君愛國精神；（二）戰務第一，旺盛的責任感；（三）五分鐘以前的精神；清潔、整頓；（四）和衷共濟團結一致；（五）垂範躬行、士官優秀；（六）常在戰場；要有必勝的信念；（七）東鄉之師乙旗傳統；（八）民主主義的風度；（九）人事的公正；（十）敬神祖崇；普及普通學；（十一）隨時準備出航。

我海兵團結業後，在高雄海軍醫院和日本戶塚衛生學校普通科實習看護術，曾服務於九州別府海軍醫院。

白欽堂（白川清一）台灣海交聯誼會　會計長
五四　高志衛三六
高雄海空病院実習生、戸塚衛生学校普通科練習生別府海軍病院勤務。
台湾海交聯誼会　会計長

《陳瑞祥》

在那台灣青年百花齊放的年代，陳瑞祥的同期生據說犧牲了六〇%左右，他有時會想起他們，祈禱他們的冥福。

他說，活下來的眞是幸運和幸福，希望大家能惜福，多連絡，祝健康，每天過得快樂。

（左）林順天、（右）陳瑞祥

陳瑞祥（永村瑞雄）

五三三三　高志工三三五

高雄海軍工作部講習生、横須賀工作学校普通科練習生、川崎芝浦重電機社会派遣。

《田耀勳》

二次大戰末期，因戰況惡化，沒有領到薪水和補給。林保定、張賴朝邦君等主張，拚命向日本政府要求賠償一百二十倍甚至一千兩百倍。據說，鄭信陽申請結果獲得九千多日元（三千左右台幣），非常失望。

田耀勳於一九四四年六月。由高雄海兵團高雄港出發，前往菲律賓馬尼拉，他是機關槍手。不久他被編入特攻隊，因緊急派往支援，歸隊時，其本隊已經由美軍佔領。於是他們往山裡（五百高地）去，一行十六人，但十二人受傷，走了十幾天，沒有看過一個日本兵。

旋即找到由撤退而來的海軍總部。田氏對老少尉級告說「我是海軍兵長田中勳。從前的陸軍部隊都死光了」他罵田氏說「你沒死，是不是逃兵？」田氏說「我是傷兵。」他說「好！稍微休息一下。林部隊有大約五千的兵力，放心。」於是田氏又便成了一兵士。

幾天後，田氏過到三個陸軍兵。他們擁有六尺四方的天篷，因天天下雨，逐將四張天篷合爲一張，一起生活，每天吃南瓜。在亂走時，又遇到林部隊，

該部隊剩下不到一千人。林隊長以田氏爲台灣人，逐把他擺在身邊，並要他做傳令人。

有一次在交戰中，上野上等水兵違規，一個下士要田氏「修理」他。因命令，田氏以拳頭揍上野下士三次，但在心裡覺得很難過，因爲田氏蠻尊敬上野。有一天，隊長要田氏去偵查敵情，並吩咐很危險，要特別小心。聽了這句話，上野竟自告奮勇說要跟田氏一道前往，故田是非常感動上野不但沒有懷恨在心，還想與其生死，終身難忘。

在戰場什麼都沒有。田氏與另外兩個人，出去「遠征」兩天。進去原住民家，找到大約二十公斤的鹽，大家拼命吃，並他們將這些鹽偷回來，爲小隊長（排長）感謝不盡。

有一次出去「出征」時，發現十隻左右的牛群。田氏開槍，打中一隻，其餘都逃走了。因槍聲，怕被敵人發現，他們伏在地上。被打中的牛兵拼命叫「救命」，經過大約二十分鐘，這些牛隻又回來，圍在周圍用鼻子安撫牠。「一馬不行，百馬憂」。連畜生都有義理和團隊精神，使田氏非常感動。

某日，一個少尉帶了兩個兵士去偵查敵情，在途中遭到狙擊，少尉失去意識。兩兵曾予援救，但看其沒有反應，於是帶回牠的手槍和皮帶，對上司報告少尉戰死。可是兩天後，少尉爬回來了。本以遺棄長官，兩兵應被處死刑，但少尉說兩兵以盡了力，他們拼命喊牠，他無法回應，結果兩兵逐無事。

離開本對平年，衣服破爛不堪，幾同無穿衣服的戰敗兵。有一天在路旁看到疊的好好的日軍軍服，我逐把它穿上，感謝其在天之靈，同時感動日本兵的忠誠，及其願意令能繼續作戰的日本兵穿過這套軍服，爲國家服務的精神。

四月二十九日爲昭和天皇生日，向東京搖拜之後，找慶祝的食物。結果發現香蕉園。大家拼命摘來吃。但澀得簡直無法形容。田氏說，他一生沒有吃過那麼難吃的東西。

美軍在日軍頑強抵抗中，投下許多之宣傳單，有一天，某日軍軍官在美軍保護下，在附近山頂，揮著白旗，轉告部隊長戰爭已經結束。三天之內解除武裝。大家唱著日本軍歌，日本人、朝鮮人、台灣人互相道別。有人說田氏回台灣有資格擔任中國海軍的大尉（上尉），使其難忘。但田氏三度做日本兵士。戰後日本政府不管他們，簡直不是「大和魂」而是「大魂騙」（這兩者日語幾乎是同音）。

田氏將以上內容文章寄給日本政府。幾個月之後，日本政府寄來兩千四十二・五六美元之薪水和二十八・六五美元的保險費。

田耀勳夫婦日本旅行

田耀勳（田中 勳）

二一四二 高志水

フィリピン・ルソン島、第三十一警備隊・キャビテ分遣隊特二砲艇附。

(5) 平成16年10月1日 月刊海交

最後の一兵物語【1】

初めての出陣

死期の接近

艇長の話

田耀勲

《羅細滿》

一九四四年十一月十日凌晨三時三十九分，他們所乘坐的船被美軍潛艇擊沈。該船名叫「護國丸」，係以商船改造的特務巡洋艦，一萬零五百噸。被擊中的是在九州佐世保附近，古志岐島燈塔三十度角十五海里，北緯三十三度三十一分，東徑一百二十九度十九分的地點。

船被魚雷擊中時，羅氏正在做甜夢。爆炸聲叫醒他，隨即來了萬馬奔騰的黑煙，沒有電燈，船往左邊傾斜十五度左右，海水大量湧近來。羅是眼看幾個戰友掉進船底，他像狗爬到上面甲板時，看到「護國丸」指揮官海軍大佐水野孝吉。

指揮官水野對大家大聲說：「……奇怪！護國丸還沒沈下去。敵人魚雷一顆又一顆……一切完了，你們還年輕要活下去，便爲國盡力。我要與護國丸同歸於盡，現在我宣佈放棄本艦」。這時羅氏想跳進海裡，他喊叫說「等一下！我們三呼天皇陛下萬歲再逃！」甲板上將近一百人的官兵，一起三呼「天皇陛下萬歲！萬歲！萬萬歲！」之後，指揮官以手槍自殺。

羅氏很幸運地從船艙跳海，爲避免被船沈下去的漩渦捲進海裡，他拼命游泳躲開。他抱著其母親送他的許多苗栗縣寺廟的護身符，嘴念南無觀世音菩薩、媽祖、大慈大悲、救苦救難，並發誓過此災難，終生願意信佛、吃素和協助眾生。並告別父母，感謝父母之培育，來世一定回報。

此時在黑暗中白衣的神駕雲出現在羅氏面前救他。神說：「孝順父母會感動天。你很孝順，我救你，生還後要以仁德爲懷，實踐你諾言」。羅氏逐鼓起力氣，想感謝菩薩，卻看不見了。冬天海水如冰，身體如遭切割，羅氏拼命想逃離船，最後還是被船沈下去的漩渦捲進去。從第一次被擊中至沈沒大海不過十幾分鐘，被漩渦捲下去窒息大約三分鐘，雖然忍耐，還是喝許多海水。他仍舊合掌嘴念南無大慈大悲現世音菩薩、媽祖、救苦救難，最後像海綿，一點力氣野沒有，他的身體如坐了直升機，自然浮上海面。

他從夢醒過來時，發現了一個空汽油桶。因爲汽油桶很滑，又有海浪，爬上去又滾下來。覺得很累，毫無力氣，想死了算了。這時發生了奇蹟。他碰到用三隻杉木合成的木排。

用手摸了一下，上面有不足兩尺的空面，於是丟汽油桶。其上面有日本人橋本一等兵曹，一個是王（小倉）一等水兵。

他們兩個人木排上，羅氏半身在海中，這樣三個人閒談大約四小時候，東方出來了大太陽。冬天太陽暖和、慈悲，有如「雪中送炭」，他得到了生機。不知不覺，他睡著了。以下是王氏告訴他有關他的經過。

太陽出來以後，你就睡著了。打著好大鼾聲，說著什麼太陽下去會掉進大海和地獄，眞是無可救藥。你整整睡了十二小時，王氏和橋本兵曹不眠不休地一直看雇了你。肚子餓就喝海水，睏就自打嘴巴，眞是好長的一天。從太陽的角度判斷。可能在下午的時候左右，發現了日本軍艦旗。王氏與橋本要離開木排時，喊了羅氏起來，但都叫不醒。救生人員問說他是不是凍死了？王氏回答說，剛才還跟他們說了好多話。請把他一起救走。於是五、六個救生人員把羅氏拉上，羅氏徑抓著木排不放，連木排也拉上了。

他們脫光滿身汽油和衣服，羅氏被抬進去船艙，用毛毯和火爐予以暖身。在船艙羅氏還睡到黃昏大約兩個小時。他醒過來時，突然跳起來……。

以上是王氏的談話。羅氏在睡覺時一直坐惡夢。閻羅王對他說：「這些罪人在人間作盡壞事，殺人放火，應抓來先脫光衣服，坐針山，泡油壺」。羅氏作夢到這裡。所以一醒來就跑，光著屁股，在黃昏小小電燈下，有如地獄的房間。這時抓住羅氏的是他的同期王同學。

特務巡洋艦「護国丸」の沈没

羅細満（松本　智）

四四　高志水

横須賀対潜学校普通科機雷術練習生、呉海兵団三分隊、呉防備一分隊。

《鄭信陽》

我於一九四四年八月二十二日，與海一同學林傳進、陳繼鑪、謝麟龍、呂金發 、王崑旺等三十人，乘軍艦前往越南。在西貢，第十二航空隊的林啓明、陽萬物 、何紹昌等三十人，乘神洋丸，由高雄出發，往新加坡色列達前進和菲律賓的呂宋島，夜來，我們前面的軍艦受到美軍潛艇攻擊。與高雄警備連絡，得患一行十三條船艦，只剩下六條，且失去護衛艦，要我們回高雄。到隔日半夜，我們的神洋丸回到枋寮，停靠東港。六條船團由水上飛機保護，再從東港出發，在路，神洋丸曾擊沈了一隻美國的潛艇。

一九四四年九月九日，經過二十天航行，始抵菲律賓第九五四航空隊克拉克基地，當時馬尼拉正遭到美空軍的轟炸。一九四四年十月二日，我們告別了克拉克（馬尼拉）航空基地，前往新加坡。所乘熱田丸，在路上遇到巨型颱風，因缺水和糧食，且需修理船，故在克長漁港停靠，兩三天。往新加坡出發不久，其他船又遭到美軍潛艇攻擊，船沈下去。我們予以救助。在這裡我看到了來自台灣的七、八個慰安婦。

一九四四年十月二十四日，由馬尼拉動身，因到達新加坡。十月三十一日進第十一海軍航空隊。我們從進海兵，前後受了十個月的訓練，故已能從事飛機的整備工作。此時最高興的是，看到山下奉文將軍面對面問英國駐新加坡司令巴西巴爾要不要投降的鏡頭。

一九四五年一月二十七日，我們由色列達本隊轉到馬來半島西岸的巴多巴哈。在這裡我認識一位馬來亞小姐，她叫做姬哈拉，一有空，我就與她約會，交往一個半月，這算是我的初戀，不過我只拉過她的手兩、三次而已，因交往不深，故並不留戀。

一九四五年三月十日，調任第十三海軍航空隊泰國航空隊付。該年四月十二日，抵達泰國曼谷，住進三井造船所臨時兵營。在曼谷參觀了王宮等，同時出入於酒吧。那裡有很會說日語的泰國小姐。其中阿雪和阿萩我覺得蠻喜歡。跟她們雖然只是聊天，但我覺得那三個月有如在天堂。五月一日，我出任海軍上等整備兵。

六月十二日，奉命調第二越南海軍航空隊，六月十六日告別曼谷。七月二十日，渡過湄公河，七月二十六日，前往第七十五機場大隊，八月十一日又趕回西貢。八月十四日離開曼谷，十六日晨到達柬埔寨的首都金邊。此時得悉日本戰敗。大家都沒話講。不過一個兵長（介於上等兵與下士之間的等級來）

說，日本雖然戰敗了，但我們都盡了最大的努力。金邊是文化古都，不知何時才能來，你們應該乘這個機會，好好去參觀一下。因此隔天，我們到處去參觀其名勝古蹟，印象深刻。

八月十八日，從金邊乘小船，下媚公河，兩天兩夜，兼現光旅行，到了西貢。九月一日，我們升海軍整備兵長，雖然是「波茨坦」兵長，還是覺得很高興。十一月一日，被編入聯合陸戰隊，此時認識了一位安南小姐。跟她還是沒有超友誼的朋友。

十一月十九日染上瘧病，

鄭信陽（左）新加坡的海軍航空隊

住院。轉到幾個海軍醫院之後，於一九四六年二月四日出院。但三月三日又患瘧疾，再度住院。三月二十二日出院。在這個期間，安南女朋友紹伊小姐常來醫院看我，我們談得很多，令大家非常羨慕。

一九四六年三月二十三日，爲了要回國（台灣），集合於西貢南方郊外前法國兵營。四月十二日，要乘輕巡洋艦「鹿島」時，不許我們台灣、朝鮮人上船，據說這是聯軍的命令。眞是晴天霹靂。

四月十三日，我又患瘧疾，但沒有住院，只有忍耐。四月二十五日，我們乘「若鷲」附設艦，離開西貢，五月一日返抵高雄，五月二日搭火車回到新竹，離開故鄉前後四年，當了二年七個月的日本海軍軍人。

鄭信陽（成岡信陽）

一一三六　高志整

第十一航空隊（シンガポール・セレタ）、インドシナ航空隊泰国派遣隊（ウボン）

《廖本福》

廖本福與大家一樣，受郡守、市長、父母、家鄉親朋好友歡送，進入訓練所，經過六個月嚴格訓練，結業後放假三天，穿著軍裝回到家省親，一九四四年四月一日進海軍兵團，完成了三個月的戰兵教育。

廖本福照其希望編入工作科，他的教育班長是曾經參加偷襲珍珠港和中途島海戰的勇士。前分隊士本河曹長（上士）對部下極為親切，故沒有受到老兵的欺負。他很幸運留在海兵團。四個月後奉命進橫須賀工作學校，但那時日本本土已在遭受美軍轟炸，從高雄港出發，九死一生才得進校。 廖氏很感謝本河分隊士對他的照顧。

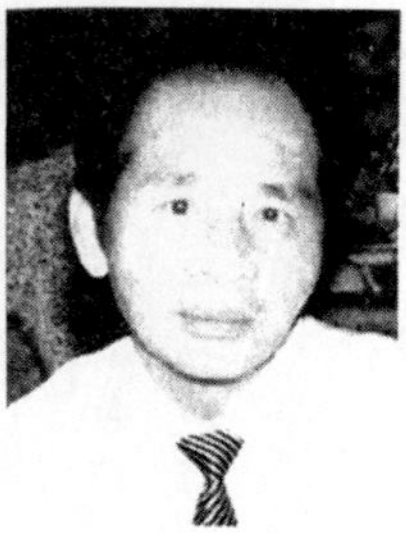

思い出の五十余年前

廖本福（広瀬義一）

二四　高志工五六

高雄海軍工作部講習生、橫須賀工作学校第廿三期普通科練習生（舟艇）。

《張丁福》

張丁福，一九二六年十月十八日，出生於前花蓮港廳鳳林郡新社庄豐澤二十八番地之一。一九四三年。十月一日，爲台灣總督府海軍兵志願者訓練所第一期生，在高雄左營管受訓六個月，一九四四年三月三十一日結業。

四月一日進高雄海兵團，爲海軍二等水兵，兵籍番號爲高志水員三八〇號，編列第十一分隊（水兵科），完成三個月的課程後，六月三十日，被任命爲海軍一等兵。

張氏被分發第三十三警備隊，七月二十九日由高雄港出發，八月一日停靠馬尼拉第三十一警備隊司令部，八月十五日到達任地張坡安加港。隸屬第一中隊第二小隊第三分隊，擔任第一線警備。

經過大約七個月，即一九四五年三月七日，麥克阿瑟上將的機動部隊開始轟炸，三月八日上午五時左右登陸，爾後日以繼夜展開作戰。三月二十七日退到密林，海軍部隊完全散掉。

一九四五年十一月左右的一個早上，偶爾遇到陸軍的富士中隊，逐與其同行動。有一天早上九時左右，在大門，有人大聲喊叫「有沒有日本兵？」三、四次。回答有，便有兩個日本兵與五個當地人過來，向富士中尉遞交公文。

公文說一九四五年八月十五日，日皇下令停戰，二次已結束。富士中隊隊員包括張丁福都流下眼淚。逐下山。不久乘美軍軍艦，於一九四六年一月一日集結於雷特島達克魯班收容所，六月三十日回國。

張丁福（岡田英男）
五一〇二　高志水三八〇
第三十三警備隊（菲南・ミンダナオ島ザンボアンガ）、終戦後、レイテ島収容所集結。

《林保定》

林保定為元海軍自願軍一期聯誼會前總會長，為人隨和講詞達意，為桃園縣大溪人氏，和其他同學一樣在鄉人擁送下進入海軍訓練所和海兵團團受訓，分業後赴日途中，乘船到菲律賓無法登陸後，為美軍所救返回台灣南部高雄警備府守衛隊勤務後轉調警備，直到終戰現育有三子一女堪稱家庭美滿。

（右）有馬元治〔前日本衆議員防衛廳次官〕
（左）林保定〔海一聯誼會前會長〕

《林榮貞》

我當老師與移民村的日本小學小孩一起玩。爆發中日戰爭後，大家常玩「打仗」。因台灣人沒有服兵役義務，所以他們要我當「支那兵」此時剛實施台灣海軍特別志願兵制度。我逐決定應考，想早「服役」早回來，俾能與日本人平等。

考上後出發前，校長要我提出辭職，他的理由是「特別志願兵係以自己願意志願的，與內地的兵役不同」。我問理由要要怎麼寫，他說「因爲家庭理由」。我心裡想，一個台灣青年要去爲國家打仗辭職理由要寫「因爲家庭理由」，眞豈有此理，這太藐視台灣人了。

在訓練所，我屬第三分隊第三教班。經過大約兩個月，第三教班編到站「三正」衛兵。我們時幾個人交班時大約凌晨兩點鐘左右。早餐後，教班長要我們站「三正」衛兵者列。打每個人十二下屁股。然後說，我們交班好，沒有整隊，邊聊天回營房，被訓育部長看到，太不像話。

三教班有一個名叫黃林的嘉義中學畢業的戰友。他對日本古典文學造詣頗深。常對我講解『源氏物語』、『太平記』等等。他偷閒用明信片寫情書，引用正在播放的「待宵草」的曲子，說很想念故鄉。我說這句話不行，他說不管它，結果他被揍下巴，下巴腫起來。一九四四年十一月十日，他與「護國丸」離開人間，很可惜。

結訓後，進海兵團，我志願機關科，被分在三十一分隊第一教班，希望學一技之長，將來在社會比較容易謀生。有一次操練時，我丟了一根彈藥匣的帶子，第一教班被命令去尋找。在海面匍匐前進，一個戰友替我找到了。我被處罰不得吃飯。我坐在抽煙椅子上發呆時，窗子那邊有人喊我「趕緊來吃飯」。我們那桌的戰友把我圍起來，令我坐中間吃，我與味噌湯和眼淚吃下這頓飯。這些戰友對我的愛護。令我終生難忘。一九四四年六月三十日海兵團結訓，大家都分發到實戰部隊。但在營房牆壁上的名單中，我找不到自己名字。大家都說我是「剩飯」。結果是島田教班長要我去上機關學校。島田是三十三分隊的先任教班長，要我擔任分隊的助手。

我與富山二人出任分隊助手。但有一個分隊士（相等於分隊長）每晚喝酒，所需酒肴要我們兩個人負責。因每天晚上的廚房向主計兵要東西，最後被拒絕了。不得已，一個晚上，我看外面，富山從廚倉庫窗子爬進去，偷了一桶味增，藏在寢室塌塌米床下。隔天早上，新兵正在上課時，三個主計兵來查，

富山泰然與其應對，我嚇死了，萬一被查到，必受到軍事審判。後來這個分隊

士，在防空洞，被美空軍炸死。

島田教班長因患盲腸炎住海軍醫院。分隊長以衛生兵不足。要我去看護。我得到丙種外出許可，出衛門時，說我踢正步腳抬得不夠高，敬禮不行，而叫我從來好幾次才准我出去。因連續出去二、三天，衛兵便找我麻煩說「你這個傢伙，天天出去外邊，太好了」，並揍我下巴兩三個，下巴逐腫起來。教班長同情我說「我出院後找他們算帳」，我覺得明天又要挨揍，所以很想逃跑不回部隊。

十月某日，教班長去把我和富山找去，令我倆看要從台灣兵招募五十名飛行員的通報。富山馬上說「我年齡以超過，沒資格去」。我說「我運動神經遲鈍，不適當飛行員」。教班長說「飛機掉下來會死，你怕死是不是？」我說「既然來當兵，自不怕死」。「那你考看看」，「好吧」結果我考上了。

一九四四年十一月一日，我奉命進鹿兒島航空隊。十一月十六日抵達鹿兒島，向該隊報到。與朝鮮人五十名，被編入九十分隊。分隊長爲海軍兵學校（官校）出身的年輕大尉，分隊士是中尉和少尉。

鹿兒島是三十年來的大雪，朝鮮人不怕冷，而且給的飯是七分麥三分米，而且分量不多，常挨餓。到了三月，台灣兵活潑起來了，這時開始美軍的轟炸。鹿兒島空襲多，於是轉移戰地，於一九四五年六月十五日，我們和轉到土浦（東京東北方）航空隊。台灣兵兩名退學，三名住院，故去了四十五人，屬一〇九分隊。在這裡就學帆走術和吊床。上下吊床要三十秒支內完成，但我始終做不好。

八月十五日中午，大家穿好軍裝，在練兵場聽昭和天皇廣播。因擴音器差，聽不清楚在講什麼，我以爲對蘇聯空戰，結果是投降。回到營房，分隊長宣佈「我們一直與大家向共同國目標努力，結果變成這樣，台灣將還給中國，朝鮮要獨立」，大家哭起來了。

大約兩個星期以後，一萬以上的預科練生，各回故鄉，只有我們的分隊留下來。不到一百名的我們，天天打掃營房內外和維修武器，不久朝鮮兵吵起來說「日本要我們當奴隸到何時」，強硬要求早日回國。他們於九月九日回朝鮮，台灣兵留下來從事清掃工作。

九月二十日，美軍來接收航空隊。四十五名台灣兵和少數日本長官與士官，在隊門排成兩排迎接美軍。現今回憶起來眞像漫畫。我們於九月一日離開軍籍時已經是戰勝國中國的國民（或可以說是日本政府拋棄的台灣人）。由這些中國人代表戰敗國的土浦航空隊，將其交給盟軍，實在滑稽。

我在日本海軍生活不到兩年，受盡委屈、毆打和侮辱，沒有美好回憶，更不覺得光榮。因年事已高，故不出席同學會了。不過時至今日，還有很神氣地帶著日本陸海軍戰鬥帽，橫行闊步，好像只有他一個人打過仗，到處吹牛的老人，眞是可憐。殊不知是被人家用過丟棄的外人部隊。

林榮貞
鹿兒島航空隊
土浦航空隊飛行勤務

《張德隆》

受訓時，個人或團體，遭到以棒子打屁股是家常便飯，雖然中央禁止這樣作。被打屁股打得不厲害，也得應用些要領。被打時，手要往前著地，如彎九十度，屁股朝上，打到屁股肉最厚部份，就不會那麼痛，更不會受傷。如果被打到腰骨頭，那就不得了。

有一天早晨，張德隆的教育班五十人遭到團體處罰（日海軍稱爲罰直），大家脫光衣服，身上只有一件兜檔布，在石頭上匍匐前進，只有頭和背沒受傷，白兜檔布都是血。今日回想起來，眞是「毛骨悚然」。

訓練所結業後進高雄海兵團。爲了等待二期生一起到橫須賀工作學校，張氏等又在高雄海軍工作部受了四個月的訓練因爲高雄夏天特別熱，在沙地走動，燙傷腳底。

進橫須賀工作學校以後，幾乎每天晚上都有美軍的空襲。有一次避難防空洞時，看到朝鮮生手拿大小數百隻的鑰匙，利用大家進防空洞時，開酒房偷酒。難怪酒坊的酒日日減少。

此事被發覺後，他們全體成員被處罰。大家被打屁股七下。偷酒的那個朝鮮生被打六十多下，最後暈倒了。據說這個人被送去軍法審判，壞事頁幹不得。張氏在日本海軍，被打屁股七下是最高記錄。被打了之後擦擦日本的孟梭丹（類似万金油），非常有效。他們互相以孟梭丹擦屁股，互爲按摩，既有助於治傷，又能增進友誼，一舉兩得。

張德隆（福島省治）
五二二五　高志工二九
高雄海軍工作部講習生、橫須賀工作学校普通科練習生、東芝重工業派遣機械部助教。

《黃遠鴻》

死裡逃生——一九四四年十一月十日凌晨三時四十分，我們要到日本館山海軍炮術學校和其他學校的台灣海軍特別志願兵三百名所搭乘的巡洋艦「護國丸」，在北九州五島列島海面遭到美軍潛艇攻擊沈入東海。

艦長水也孝吉大佐將我們集合於甲板，大家向皇宮三呼萬歲後，命令說：「你們不能死。生存下來爲國家盡力」，並命令我們跳海，他自己與「護國丸」同命運。台灣兵死了兩百一十二人，生存八十八人，爲台灣志願兵史上犧牲最多的一次。

在海裡，我們抓住頭等源流，唱軍歌以壯勢，但大家的歌聲越來越小甚至無聲。十一月的海，浪高風大，非常冷。我目睹戰友，一個一個爲海浪所吞。故我勉勵自己，絕不能死。

天亮後，救生船來營救大家。我很幸運也被救起來。上船後，把軍服全部脫掉，剩下一件兜檔布，分得一張毛毯，進船內休息。因大家都精疲力盡，無言，加上滿身是油漬，簡直認不出誰是誰。

救生船於下午七時左右進佐世保軍港。進去海軍軍需部辦公廳，年輕的女性們流著眼淚，爲我們倒熱茶，慰問我們說辛苦了。隨即佐世保海兵團以卡車把我們接去，在那裡發了新軍服和日用品，當然包括伙食。在佐世保海兵團幾天，恢復體力之後，被分發到各校，我前往館山受訓。然後到戰地。最後就是長崎縣大村航空隊隊附。

《陳湧霖》

日本投降的第二天，即一九四五年八月十六日，大家都沒有早餐吃，因爲主管鍋爐的一批人，包括班長，通通跑光了。他們可能想家，聽說戰爭結束，而立刻走的吧。

於是値班軍官問，你們有沒有懂得操作鍋爐的人，懂的人舉手。連陳湧霖，有五個人舉手。陳湧霖小學畢業後曾在胞兄經營的汽車修理工廠當過學徒，除修理汽車的技術外，也懂得一些火爐事。

管理和操作鍋爐最重要的事，要保持水槽中適量的水，和特別留意鍋爐上的熱度計與水量計。因爲完成了任務，從中午開始有飯吃。於是下午廚房的主計兵送來了糖和魚類。在當時的日本本土，糖事貴重品。陳湧霖說，一年來他沒有看過糖因此他們覺得很告慰。

八月十五日　の思い出

陳湧霖（貴島　勇）

一三　高志工一五

高雄海軍工作部講習生、横須賀工作学校第廿三期普通科練習生（舟艇）。

《楊火超》

我的原籍為彰化縣永靖鄉東寧村十八號。一九四三年十月一日，由台中州員林郡進訓練所，屬第一分隊第二教班，教班長姓竹內。

一九四四年四月一日，進高雄海兵團，為海軍第二等整備兵，被編入第二一分隊（整備科），接受三個月新兵訓練，結訓後升海軍一等整備兵。

該年六月三十日，離開海兵團。當日進高雄航空隊，工作四個月，轉到大雅公館航空隊，勤務三個月，成為台南二空整備學校普通科整備練習生，研修普通科整備術。隔年五月一日結訓，升海軍上等整備兵。因無飛機被編入陸戰隊，被派到北台航空隊新社基地，一直在台中州東勢郡新社幹到戰爭結束，戰後不久即復員。

楊火超

一二　高志整

高雄航空隊、大雅公館航空隊、台南二空整備学校普通科練習生、東勢新社基地。

《羅進河》

一九四三年，我以第二屆高砂義勇隊身分，在南洋新幾內亞和拉巴島半島，以日軍先鋒與聯軍作戰六個月，負重傷，進拉巴島野戰醫院治療。該年年底轉到台灣的醫院，繼續療養。一九四三年初痊癒，恢復健康。此時台灣實施海軍特別志願兵制度，我自動應徵。該年十月一日，我進台灣總督府海軍特別志願者訓練所，爲第一期生，完成六個月訓練，一九四四年三月三十一日結訓。隔日進高雄海兵團，被任命爲海軍二等水兵，接受三個月訓練。

該年六月三十日晉升一等水兵。當天被任命高雄海兵團補缺員及衛生兵。該年九月一日，被編入高雄警備隊陸戰隊槍隊。一九四五年五月一日升海軍上等兵。五月二十八日，迎接侍從武官，獲得賞賜有菊花紋（天皇家徽）的香煙。

戰爭結束，該年九月一日，我晉升海軍水兵長。同日現役期滿，復員。我本來要一生獻身日本海軍。「一九四七年三月三十一日現役期滿，同日編入預備役。一九五七年三月三十一日，預備役期滿，同日編入第一國民兵役。一九六五年三月三十一日，第一國民兵役期滿……」。

戰後，一切希望付諸東流，一無所有。這也是時代的命運，我們生爲日本

《魏永祥》

我是日治時代新竹州竹東郡芎林庄上山的人。學校畢業以後，因爲我是長子，弟弟又小，故與家父從農。一九四一年，與朋友就職於台南州新化郡玉井庄竹頭峽的石油公司。一九四三年，被半強制地去當海軍特別志願兵。

當時，從我們的公司被徵召七人，現今住在新竹市的海一同學，新竹縣市四季聯誼會會長張德隆也是其中的一人。從同一家公司來的我們曾經一起照過相，但大家分到哪一分隊哪一教班並不清楚。當時，跟我同一分隊，同一教班的一個人，因肺結核要退所（役）回家時，我曾經羨慕人家生病，怨嘆自己不生病。

訓練所的一個分隊有三個教班，我最早認識的是四教班的游仁義。因他寄東西寫的地址寫花蓮港，令我想起我姊姊。家姊嫁到花蓮港去。我們的組我的身高是第三高，其順序爲：吳有鴻（如果知道其地址請告訴我）、陳凱夫、我和黃榮全，陳凱夫是鐵路局進來的，他母親常常來看他，他是專修學校畢業，成績算不錯。六個月訓練很快就過去，曾經回到家鄉芎林，休假時，與來自芎林的李煥坤、彭錦輝等在竹東神社照過相。竹東郡出身的十三個人，現今生存的只有五個人。

從一九四一年四月一日在海兵團，我受了新兵三個月的訓練。我忘了我屬於哪一個分隊和哪一個教班。有一天，到航空廠（後來改稱技術廠）去做一天的實習時，見到了公學校的同班同學，工業學校出身的劉建勳（他是電氣的負責人）。爾後去參觀了東港的水上機。我曾患赤痢住進海軍病院二十五天。那時正從事軍桅快艇的訓練，所以我沒有接受過軍桅快艇的訓練。出院後，當時的海軍不需要這樣的技術，所以沒有讓練習軍桅快艇，所以我的成績不好。如果加上軍桅快艇的成績，我的成績在中間，可能被派到南洋。如果去了南洋，我是否有命還是一個謎。幸好住院二十五天，我終於留在台灣。當時日本海軍需要兵員，我們無論被派到什麼地方都用得上。海兵團嚴格課程至此告一段落，以後被分發到實施部隊。

離開海兵團當天，我被分發到高雄航空隊。當時我忘了幾個人（高空的同年兵請賜告地址）。在高空待一天，翌日其中兩人（請賜告地址）將到彌陀派遣隊。我兩年的海軍生活在吊床睡的，只有在高空的一個晚上。彌陀派遣隊（後來改稱高二空）與高空，隔機場分成東和西，高空是零戰（戰鬥機名稱）和「紅蜻蜓」機預科練習生的飛行訓練所，高二空是九六式陸攻射擊訓練所，曾到琉球夜間空襲。放假回家時，彭錦輝的骨灰被送回故鄉。他是三一航空隊的行進中，在色布海面斯爾海，被敵方潛艦打中魚雷戰死的，時為一九四四年九月八日，我也參加葬禮。我們下級士兵無從知道戰爭進行狀況，參加同期戰友的葬禮，深感戰爭及於自己身上。

記得是一九四四年十月十二日早上，特別早起來吃完早餐時來了空襲警報。我想躲避出了營房，但大家都到機場天空。美國格拉曼戰鬥機與日本的零式艦上攻擊機在二、三百公尺天空展開著空中戰。我首次看到空中戰，有的變成火團掉下來。據說三天的空襲，日本失去五百五十架飛機。

空襲警報時，我都負有傳達發令所命令的特別傳令任務，特別傳令不能進大防空洞，只能帶一人用的「掩滯壕」。有一天空襲警報時，我在傳令所附近以掩滯壕待命。附近沒有其他人，格拉曼卻俯衝下來以機關槍掃射，好像要打我。空襲後，我在附近看二五公厘子彈。在不知不覺之中，日本的戰機已不在上空了，制空權被對方奪取，大型美機在一定時間來轟炸。技術廠的建築物全被破壞，不堪使用。沒有飛機的整備員變成陸戰隊，天天挖防空洞。那時英國的雙螺旋槳雙體大戰機來空襲，我們挖防空洞都不回營房，借住民房。日本戰敗前，有極多瘋子。

戰敗後解散回到家鄉。

思い出

魏永祥（富山武志）

一三二八　高志整

高雄航空隊弥陀派遣隊（高雄第二航空隊）、九六式陸攻陸上整備員、陸戦隊編入。

私は元新竹川竹東郡芎林庄上山の人である。

《施　干》

「一寸光陰一寸金，寸金難買寸光陰」，「光陰似箭」，重要的時間一過去就不會再回來。人生有如演戲，修養夠了說是正道，否則即爲邪道。早死、長壽，很難說是幸或不幸，遇難不死算是幸，幸與不幸的遭遇都是個人的命運。經過五十四年，簡直是一場夢。

當時不知世事十八歲的我，迎趕一時流行，跟大家參加台灣第一期日本海軍志願兵招募，從全台約三十八萬人錄取一千人，我是其一成員，覺得很光榮。

一九四三年十月一日，我進台灣總督府海軍兵特別志願訓練所，受六個月嚴格訓練，結訓後再入高雄海兵團，正式成爲海軍軍人，至深覺「當兵」是如此偉大和辛苦。入所當天，因違反規則受到懲罰和團體制裁，紀律極嚴，對每日的軍方訓練生活非常緊張和恐慌。

有一天，學科考試時，我作弊被巡視中的所長發覺，當天晚上全班同學因爲我作弊，受到團體制裁，每人以棒子打了三下屁股，主犯的我被打到昏倒。我算到第八下，可能天助，「改心棒」斷掉了而結束。其慘痛情形無法形容，肉裂、骨散，屁股腫起不能走動，這是一生最大的痛苦。

日軍的訓練完全違反人性，不問理由，其制裁，什麼手段都使用。罪輕重，小小作弊的過失，竟加以這樣大的懲罰，讓大家受罪。所以有時候會想：受這種罪不如到第一線去作戰。

二次大戰日益激烈，我們衛生科在海兵團結訓後，一部份同學進日本的戶塚衛生學校（海軍軍醫學校戶塚分校）再受醫學訓練，我則派到高雄病院實施部隊。這兒的勤務比較輕鬆，空襲時除戰鬥用配備外，要看護病患。有時候還有工夫與護士小姐聊天。

當時我二十一歲，年輕力壯，如果在一般社會，應該有女朋友，男女都是一樣。那時有一個漂亮的日本護士小姐好喜歡，對我頻送秋波，好喜歡我，要我抱她，但我軍隊的緊張生活的恐怖和過敏，不敢出手，令對方非常失望。我相信每個人可能有這樣的經驗。人生往往因爲財勢和環境而無法成全神聖的愛情，我把這當作是一種緣份，而據最近消息，她希望有生之年能跟我再見一面……。

我覺得生逢二次大戰的我們，實在很可憐。尤其年輕沒有享受過人生而戰死的我無數戰友。李登輝前總統說過：「台灣人的悲哀」。對於現今有名無實的民主政治，立法委員朱高正說：「政治欺騙的技能，仍爲殖民地的黑金政治，治權在官吏手中，是奴隸主義的社會。政治政治替代戒嚴．不能依慾而治，只是藏在我心中的藝術」。我覺得長壽有其意義，我們要享受「活得久眞好」的意義，希望大家天天快樂，活得有尊嚴。撫昔思今，很幸運能活到今天，海一同期生，都已古稀之年。我們共同來爲戰死的同學祈禱其冥福。

我所發起的海一同學聯誼會，已經在各地舉辦了四十八次大會，希望我們海一同袍能每次大會都能參加。

一九九九年（中華民國八十八年）二月一日

施千（布施　重雄）
五三〇二　高志衛一七
高雄海兵団医務室、高雄海軍病院、南投海兵団訓練所医務隊。

《林　禎》

一九二六年十一月二十三日，我出生於台中州大甲郡的漁村。我是忠君愛國的青年，一直夢想當大日本帝國的海軍軍人。當時大甲郡大約八十名的青年應考海軍志願兵考試，只有兩個人及格，我是其中的一個。進高雄海兵團，經過四個月的嚴格訓練，因戰況緊迫，提早結訓。

結訓後穿了冬天水兵軍服，放假出去逛街。當時我眞的想爲日本這個國家賣命，想起家人、鄉親爲我送行的景況，使我感慨萬千。幸好我死裡逃生，能夠返鄉。不過我還是希望世界不能有戰爭，要告訴子子孫孫不要再有戰爭，希望世界永久和平和繁榮。

海軍の足跡

林禎

高雄海兵團第四期水兵科，兵籍番號高志水二一四八九

日本海軍特別志願兵之回憶

《陳金村》 現任海交會會長

余姓陳名金村，一九二八年（昭和三年）生於日據時代新竹州，及現在苗栗縣苑裡鎮鄉下農家。在學生時即被海軍制服所吸引著迷，羨慕在心中，我於十七歲，中學剛畢業即自然而然志願進入日本海軍高雄左營團第五期（兵期號碼高志機五五四號），爲其四個月的嚴酷魔鬼訓練。結訓後因我是機關科兵，所以被轉到西海兵團，爲其一個月的機關科專業訓練。當時的日本軍在東南亞、南洋諸島戰況已非常危急緊迫，處處敗跡，所以結訓即被優先分發高雄戰區水上特攻隊（竹內部隊）。該部隊是百名官兵的迷你小部隊，當時我是個十八歲的年輕力壯的愛國的軍國少年，報到時即被派在該部隊整備班，專責該隊震洋特攻艇的整備維護任務。該部隊百名官兵中只有四名台籍士兵，其餘清一色日本人。該部隊編制爲部隊長竹內中尉一人，下面有六個艇隊，一個艇隊十二人，全隊年輕飛行兵曹塔乘員，警備班兵科十二人、機關科整備員十人、主計及衛生兵六人等，共組成之水上迷你「震洋特攻部隊」，到該部隊後的日常生活可說爲高等待遇。由此意味著爲國犧牲的消耗品而覺悟。

（台灣的軍國少年）

當時震洋特攻隊所使用之武器是第二次世界大戰末期所研發出來所謂最新武器之一種。因大戰末期所有戰鬥機已消耗殆盡，所以將在日本海軍所培訓出來的航空兵全部派遣到所謂水上震洋特別攻擊隊搭乘操縱震洋特攻艇（又稱九四艇）工作。該特攻隊之任務爲如敵軍艦隻接近近海域時出動殲滅之。

該武器之構造係三夾板爲材料製造的，艦寬二公尺、艦長十公尺之小艇，艦艇內裝有七十五馬力之豐田牌引擎之一部，艦前端裝有三百公斤炸彈一顆，出擊時以最高速度人艇一起衝向敵軍軍艦使其爆破沈沒之功能。

二次大戰末期，美軍尼尼茲機動艦隊第一次攻打沖繩群島時，被日本海軍神風特攻隊以及水上震洋特攻隊出擊發揮最大威力，戰果輝煌，而將美軍機動艦隊擊退。但是日本軍亦損失慘重，尤其是神風特攻隊以及水上震洋特攻隊可說是出擊者全殉職。

美軍再次攻擊沖繩群島時與第一次完全兩樣，軍艦周圍有掃海艇守護，使日本水上特攻隊無法接近就被打沈消滅，致使水上特攻隊無發揮之餘地，結果配置在沖繩群島周圍之震洋特攻隊可說全軍覆沒。

幸好我們的震洋特攻隊進駐在台灣高雄戰區，否則後果不敢想像，幸好祖先保佑，留這這條老命。日本戰敗，第二次世界大戰結束後，由愛國之軍國少年變成支那人，內心是悲或喜外人總是無法體會的。

依據日本特攻隊慰靈顯彰會記載：海軍部分殉職者：（一）海軍航空（神風）特攻隊二、五二五名，（二）特殊潛航艦（含海龍特攻隊）四四〇名，（三）回天特攻隊一二五名，（四）震洋特攻隊二、五五七名（含基地進出中沈沒及事故）。

台灣海交會現任會長　陳金村（立者）與
海一聯誼會會長　林湘津合影

《鄭添福》

時光不停的流轉，秋天涼爽的季節，光復已過六十幾年的日月、光陰……。

我，參加台日交海會懇親大會，是為一些在第二次世界大戰的日本海軍在巴士海峽，戰歿者的慰靈祭。他們為國戰爭，貢獻犧牲，這些年輕有為的陣亡戰事們的英靈，奉祀台灣風景區潮音寺，是一座永久紀念慰靈碑。

回憶的六十二年前的日軍被美軍炮擊沈沒於貓鼻頭海裡，台灣巴士海峽，吉野丸軍艦死傷、損失慘重，這都是戰爭的禍害。

日本全國海軍遺族等派出一些代表到台灣參加隆重的祭典，聽到追悼之祭詞和哀樂之歌，大家都淚流滿面，內心的沈痛筆墨難盡。

茫茫的大海裡，異國的英雄靈魂們，永遠安息吧！

我們，悼古撫今，為這些陣亡戰士們，獻上追悼尊敬之意，並祈求世界大同，和平安居樂業，大家免於戰禍。

金黃色的太陽快要下海了，我們往國立墾丁公園，經過鵝鑾鼻燈塔，燈光引導海上船隻的安全。

遠眺太平洋、巴士海峽，景色優美可以作為我們觀光客的好地點，到處人山人海，名產店叫賣聲感覺特別的熱鬧。

這次的美麗寶島南台灣旅遊，可以增廣見聞，又能遊山玩水，讓心情開朗、身心健康，這是我們快樂的晚年人生，看到大家依依不捨的，向有意義的旅行，回憶道別，眞想能再來玩。

《頼火樹》

念当兵（一）　38回聯誼会撰書

十八年華従軍行　訓所初嚐改心棒　猛練堅忍神気壮　勇敢勤労大和降
尚念所団紀律正　猶記海一真情香　宝島健児堪誇讃　古稀戦友競寿康

三十八回聯誼会

歓接袍沢集蘭陽　迎候嘉賓蒞礁郷　光顧同室情温叙　臨豊履泰賀吉併
永銘入所五十歳　懐憶鍛錬意志強　友誼難忘宜珍惜　愛戴海一互讃揚

懐袍沢

海誓山盟出郷関　志堅意決入高団　同期桜花互珍惜　仁義袍沢喜相歓
永垂不朽情可貴　昌運長盛祝綿伝　康荘大道更邁進　楽善好施賀団円

懐入所　38回聯誼会撰書

回顧海志五十冬　放下教鞭従戎行　車站人朝皆歓呼　依依不捨意茫茫
細看青衿咸涙泣　百感交集景難空　親朋好友斉揮手　笛響漸離蘭城崗

入兵団　39回聯誼会撰書

入営瞬息五十齢　海一桜花千載栄　兵壮律正寒英美　団隊精神蓋勲名

三十九回聯誼会

恭迎戦友聚高雄　賀喜海一功告成　入訓転眼已半百　団円敍旧露精誠
五内銘記軍魂貴　十思所団那段情　周行道美須邁進　年高徳邵楽融融

四十一回聯誼会

四一聯誼聚廬山　古稀戦友会此間　団円叙旧共歓楽　住宿深坑享美餐
本処景色如詩画　峡谷泉音亮渓澗　高峰峻嶺雲霞映　遊客絡繹下落単

四十三回聯誼会

四三職誼集風城　参与戦友近百名　神沢情深誠可貴　健身競比大家贏

念当兵（二）　44回聯誼会撰書

青少年代従戎竹　衛国転眼数十冬　海志軍律真厳格　文武並修改心棒
甲板掃除划船術　吊床収掛均若夢　苦尽甜来当接納　楽享晩景好軽鬆

袍沢情深　44回聯誼会撰書

海一袍沢情意深　同期桜花互関心　所団生活相勉励　月月火水木金金

難忘戦友　44回聯誼会撰書

海一袍沢資質高　同期桜花吉祥和　回顧所団情意篤　転眼已是七秩多

四十四回聯誼会

四四聯誼在花蓮　古稀袍沢尽眼前　団円共楽互相慶　喜祝寿康百百年

四十六回聯誼会

四六聯誼上宝来　古稀戦友笑顔開　鉅鹿木屋懇親宴　懐念叙旧情意在
蜿蜒山径五十里　優雅景色聞島内　同期桜花老益壮　海一志気伝後代

蘭陽勝景　48回聯誼会撰書

亀山朝日間全台　親水公園揚世界　礁渓温泉馳遍島　太平雲海眼福開
武荖坑中好去処　遊客絡繹乗興来　蘇澳冷泉至特色　蘭陽勝景留万代

一九九八年十月一日

皆さん、今日は。（前略）私は先生について詩を学んだことはなく、中国文も自学自修で、覚えたので、学識は浅はかなものですが、ただ、面白みに自分で撰述したもので、そのすじの大家にも修正して戴いたことがございません。それで、間違いだらけと存じて居るので、特に、先輩や皆様にお願い致しまして、お暇をお見付け戴き、惜しみなき御指導、御鞭撻のぼど、伏してお願い申し上げます。

編著者按：

賴火樹先生漢學根基厚實，以七言絕句詩表達其內心的感受，精神是日本的，內心充滿傳統文化是中國的；因爲其「衛國轉眼數十冬」的國，是軍國主義的日本國。其文中的「同期櫻花」及「月月火水木金金」是現今日本國戰敗沒有人唱，反而台灣的卡拉OK店有人哼唱，所以有人說：大和魂精神不在日本，而是在台灣的卡拉OK店的歌詞裡。

大家好，我沒有拜師學詩詞，中文是自修的，學問膚淺，好玩，自己撰寫，沒請人修正過，或許不像樣，故請各位不吝指教和鞭策，謝謝各位。

懐かしき五十四年前の思い出

賴火樹（西原剛太郎）

五三〇九　高志整一

台南航空隊、台南二一空整備学校普通科練習生、台南航空像仁德基地。

經歷轉折的內心世界

《盧玉亭》

本人盧玉亭於一九四三年應徵前在臺灣總督府（前新公園）發表實施「海軍志願兵」制度，代表宣讀「臺灣全島三十八萬人該當者代表」宣誓文，並於一九四五年二月於日本館山海軍砲術學校受訓時獲技能獎章留念。

本人現居香港，曾獲香港港督親自頒授英女皇之榮譽勳章，並於一九八二年獲香港皇家海軍總司令王安達將軍致送水晶座於海軍會所。

1982年1月駐港皇家海軍總司令王安達 A. A. Waugi 將軍致送海軍水晶座給與盧玉亭同學

盧玉亭

1988年元旦，受勳日于港督府，港督親自頒佈英女皇之榮譽獎章于盧玉亭同學

本人於午夜夢迴時常想爲何在一生中有日本臺灣總督、英國香港總督頒予勳獎的榮耀，一生應足矣，但又想如果中國強盛就不會讓我們這一代人生下來就是日本殖民地的臺灣人，我們這一代人不是生下來就可以志願作中國人，是中國腐敗的朝政將臺灣、香港割讓的緣故。

本人出生地是日本殖民地，當過台灣籍日本兵，日本戰敗後，成爲戰勝國中華民國之國民，服務於台北市政府公務員，經歷二二八事件，倖免於難。之後，去了當時爲英國政府殖民地——香港，九七後成爲中華人民共和國香港特區居民。

故本人晚年致力於中國的現代化，中國現代化從教育、文化開始。也就是頭腦思想的現代化，於是捐贈大陸希望中、小學、大學捐款及文化事業，爲中國文明的無形事業作努力，容我將閩南文化略述如下：

「文化」簡言之即是文化與教化。質言之，凡人類社會由野蠻而至文明，其努力所得之成績，表現於各方面者有科學、藝術、宗教、道德、法律、風俗、習慣等，其綜合體則謂之文化。梁啓超先生說：「文化是人類思想的結晶」。

文化在時間上，是不斷成長之有機體；文化在空間上，基於物質環境特殊，民族本性不同，生存需求差異，各有其獨特面貌與模式；文化在內容上，是由多方面形；成表現於內者，爲人類智慧與能力，表現於外者，爲生活形態與方式。諸如人類生活、自然生活、社會生活，即文化生活；自然力量在人群控制之下，能爲吾人自由運用者，即文化之表現。總之每一種文化，皆有其中心意象，此種意象，形成超越理想，民族文化則從此超越理想而形成。孫中山先生說：構成民族因素有二：一爲客觀因素，即血統、生活、語言、宗教、風俗習慣等五種自然力；一爲主觀因素，即民族意識與民族精神。質言之，構成民族有三種因緣：第一、是血緣，即血統；第二、是地緣，指同一地區；第三、是文化緣，即語言文字、生活習慣、宗教信仰以及民族意識民族精神。

盧玉亭（上田尚德）

鑒於閩台文化同根同緣。從血緣說：由於臺灣居民祖先大多來自閩南地區，因此閩南文化在臺灣是無可置疑。臺灣人說閩南語被稱爲「河洛」，在歷史上閩南兩地人民駕

1984年香港油麻地輔警結業，盧玉亭(當時任尖沙咀區委員)主持檢閱禮

盧玉亭父子與林湘津會長（左）

盧玉亭君夫人陳碧珠仙逝，聯誼會前會長鄭武傑(左)及現任會長林保定(右)至靈前行禮，藉表哀思。

前會長　鄭武傑
(森村友雄)

陳老夫人碧珠一生寬大仁厚、慈愛為懷、秉性端莊、養身有術、敬神拜佛、崇祖睦族、心地光明、淑德揚芬，無一不令人追思效行，而子孝孫賢、蘭桂呈芳、子孫滿堂、瓜瓞綿延，令追懷懿德足為典範。

民國六十七年五月二十七日新竹同學會合影留念

（左）盧玉亭
（右）李煥坤

盧玉亭（左）與日本前
海交會派來慰靈者合影

捐款同意書

為修建泉州市農校清源公
園約五十畝擴建公程暨
讀書源亭種植花木樂捐
人民幣貳拾萬元整希專
款專用為禱

捐款人 盧玉亭
二〇〇三年十二月七日

泉州農校校長 楊良興
二〇〇三年十二月七日

福建省泉州市農業學校

楊良興印

附錄一　關於昭和天皇胞弟高松宮日記

日本著名的政論雜誌《中央公論》（一九九四年）十一月號，刊有作家阿川弘之所撰有關昭和天皇胞弟高松宮宣仁之日記的介紹。昭和天皇有三位弟弟，大弟秩父宮雍仁，進陸軍，日本戰敗時的位階是少將；二弟高松宮是海軍，最後的位階爲大佐；三弟三笠宮崇仁屬於陸軍，階級爲少佐。

高松宮留下二十本日記，他的海軍大學校（大學校在日本是準大學）的同學大井篤說，這是「國寶級的史料」。其內容，始於一九二一年一月一日至一九四六年十一月。不過中間有一部分沒寫。（一九二九、三〇、三八、三九年等等）

目前正由中央公論社編輯，出版時，一本四、五百頁，可能達七、八本左右。第一本將以爆發盧溝橋事變的一九三七年爲其內容，因高松宮不贊成擴大中日事變，與昭和天皇尤其與陸軍意見不合，所以其意見最值得人們注目。

高松宮去世於一九八七年，而他的日記一直擺在倉庫，沒人動它，根據在高松宮家工作將近五十年的石塚弘說，是因爲那箱子腹部寫著「殿下御手許品」。換句話說，裡頭的東西都是高松宮個人的物品，自然沒人敢去動它。

高松宮去世四年以後的某日，石塚在倉庫裡整理東西時，想起這個箱子，打開一看，才發現是高松宮的日記。高松宮妃喜久子自己看了三遍，她自己也不知道應該如何處理好，於是遂與高松宮在海軍大學校的同班同學，前述的大井篤和豊田隈雄商量，他倆主張出版，於是找阿川弘之協助。

對於擬出版高松宮日記的問題，宮內省表示反對。主要理由是：一、宮內省認爲，皇室的秘密不宜公開；二、高松宮與乃兄昭和天皇爲國事爭論過，這種事最好不要公諸於世；三、高松宮非常抨擊陸軍，深怕陸軍軍人的遺族對皇室不滿。

但大井篤、豊田隈雄和顧問細川護貞（前首相細川護熙的父親、中日事變初期的首相近衛文麿的女婿）都非常贊成出版，俾讓日本國民和世界的人士知道當時的眞相。尤其是喜久子妃本身很希望予以出版，而且要一個字不改地全盤托出。喜久子妃是德川末代將軍，德川慶喜的孫女（父親是德川慶喜的第七公子，繼承德川家的慶久）。因此，高松宮日記的問世，功勞最大的當然是他的夫人喜久子妃。

以下，我根據阿川弘之此文，略爲介紹高松宮日記的一些內容。

高松宮於十六歲時（一九二一年）進海軍兵學校（雖然叫做兵學校，實際上就是海軍軍官學校），由於他是大正天皇的第三皇子，所以無論他到什麼地方，都有人（武官）跟著他。因此他抱怨是否「不相信我」。而且他住在「特別宿舍」，故深感孤獨，他在日記說：「（天下）沒有比皇族更無聊的職業。」（一九二三年十月十二日）

十五、六歲左右的人不管是誰，是最會想念父母的年齡，所以高松宮在這個時候，經常給母親（貞明皇后）寫信，以表示思母之情，而母親也都給予回信，並鼓勵他。

高松宮畢業兵學校之後，任官少尉，登巡洋艦古鷹服務。兩年以後被改派在戰艦比叡服勤，但什麼事都不給他做，即使他要求。因而他在其日記表示不滿，人家把他看得那麼無能，並比喻他自己是「蟑螂」。他說：「我是比叡的蟑螂，住在極好的房間，吃得飽飽地，跑來跑去過著戲謔的日子，雖然旁人羨慕我遊蕩的生活。」

對於陸軍的批評，高松宮說：「關東軍治而不致治，欲以暴力屈服對方。一部分軍人，一開始就把滿人當作敵人，五族協和也極不徹底。有人把（滿洲國）皇帝擺在關東軍司令官之下。」（一九三六年一月四日，高松宮聽「滿洲國」參議矢田七太郎的談話，表示同感寫下來的）。高松宮不僅批評陸軍，也批判他自己所屬的海軍。

發生盧溝橋事變以後一星期的七月十四日，高松宮的日記有這樣的記載：

「北支（華北）事件，或許是支那（中國）先開槍，但使其開槍的演習也有十二分的缺點。或從事突擊支那軍營的教練？或跟在（日本）內地一樣，在現地演習本身就不應該。」

「近衛似乎完全由軍部揹著」（七月十六日）。他很想到中國大陸北部或上海去看看戰爭的實況，但乃兄昭和天皇不同意他前往。對此項決定，高松宮非常失望，覺得自己是個有名無實的「傀儡的皇族」軍官，因此呈請辭職，想去當伊勢神宮的主祭。但辭職也沒有獲得批准。

九月十七日的日記說：「（本日）雖爲黃海海戰紀念日，但我沒去參加水交社（海軍軍官俱樂部）的宴會。我不喜歡舉起酒杯的照片見報。我尤其討厭那些將軍舉著慶祝酒杯的樣子。特別想到正在參加戰鬥的軍隊，我更無法忍受這種光景。」

不久，第三驅逐隊司令伏見宮博義王在上海戰線受了傷。九月二十六日高松宮的日記說「這是好事。……這樣一來，算是皇族也有人列名於戰死傷者的名單之中，這個好」。

一九四一年十二月八日，日本海軍偷襲珍珠港，對美國、英國和荷蘭宣戰，日本上下瘋狂地高興戰爭成功，大喊萬歲。但高松宮的日記卻沒有「勝利、萬歲」等字眼。他堅決主張日本無論在道德上或爲著日本本身，絕不可以主動挑起戰爭。

高松宮的日記中，更有皇族玩藝妓的記載。因此，將來高松宮日記的出版，對日本近代的政治、軍事等的研究，勢必提供極寶貴的第一手史料。

最後，我想提出一件秘辛，就是高松宮實在看不慣東條英機的「鴨霸」，曾經有意把東條幹掉。前年，上述細川護熙前首相的父親細川護貞來台北訪問，我有機會與其餐敘，他說當時高松宮準備把東條叫來其官邸，由細川趁此機會用日本刀把東條刺殺。後來高松宮認爲，把天皇任命的首相，以這樣的方法埋葬還是說不過去，因而作罷。細川曾任前首相近衛文麿的秘書，也是近衛的女婿。

不過，高松宮日記沒有這部分的記載。但根據大井篤的說法，東條實行著憲兵政治，任何地方都有東條的鷹犬，可能懼怕東條的走狗偷看，才沒有這種記述。

昭和天皇的大弟秩父宮，對於日本從事侵略戰爭，也與昭和天皇持有不同的意見。明年是日本投降五十周年，高松宮日記的發現實具有劃時代的意義，眞希望其全部日記早日問世。

（原載民國八十三年十一月十二日《民眾日報》）

附錄二　日本海軍最高幹部及其各地海軍武官

◆海軍大臣（一八七二年四月五日，設置海軍省）

勝　安房	（海軍卿）	一八七三年十月二十五日
川村　純義	（海軍卿）	一八七八年五月二十四日
榎本　武揚	（海軍卿）	一八八〇年二月二十八日
川村　純義	（海軍卿）	一八八一年四月七日
西鄉　從道		一八八五年十二月二十二日
大山　巖	（兼）	一八八六年七月十日
西鄉　從道		一八八七年七月一日
樺山　資紀		一八九〇年五月十七日
仁禮　景範		一八九二年八月八日
西鄉　從道		一八九三年三月十一日
山本權兵衛		一八九八年十一月八日
齋藤　實		一九〇六年一月七日
八代　六郎		一九一四年四月十六日

加藤友三郎	一九一五年八月十日
加藤友三郎（兼）	一九二二年六年十二日
財部　彪	一九二三年五月十五日
村上格一	一九二四年一月七日
財部　彪	一九二四年六月十一日
岡田　啓介	一九二七年四月二十日，財部一九二九年七月二日
濱口　雄幸（臨兼）	一九二九年十一月二十六日
安保　清種	一九三〇年十月三日
大角　岑生	一九三一年十二月十三日
岡田　啓介	一九三二年五月二十六日
大角　岑生	一九三三年一月九日
永野　修身	一九三六年三月九日
米內　光政	一九三七年二月二日
吉田　善吾	一九三九年八月三十日
及川古志郎	一九四〇年九月五日
嶋田繁太郎	一九四一年十月十八日

野村　直邦　一九四四年七月十七日
米內　光政　一九四四年七月二十二日，一九四五年十一月三十日，廢止海軍省

◆**海軍次官**

勝安　房（海軍大輔）　一八七二年六月十五日～七三年十月二十五日
川村　純義（海軍大輔）　一八七四年八月五日～七八年五月二十四日
中牟田倉之助（海軍大輔）　一八八一年六月十六日
樺山　資紀（海軍大輔）　一八八三年十二月十三日
樺山　資紀　一八八六年四月一日
伊藤　雋吉　一八九〇年五月二十一日
齋藤　實　一八九八年十一月十日
齋藤　實　一九〇三年十二月五日
加藤友三郎　一九〇六年一月八日
財部　彪　一九〇九年十二月一日
鈴木貫太郎　一九一四年四月十七日

栃内曾次郎	一九一七年九月一日
井出　謙治	一九二〇年八月十六日
岡田　啓介	一九二三年五月二十五日
安保　清種	一九二四年六月十一日
大角　岑生	一九二五年四月十五日
山梨勝之進	一九二八年十二月十日
小林　躋造	一九三〇年六月十日
左近司政三	一九三一年十二月一日
藤田　尚德	一九三二年六月一日
長谷川　清	一九三四年五月十日
山本五十六	一九三六年十二月一日
住山德太郎	一九三九年八月三十日
豊田貞次郎	一九四〇年九月六日
澤本　賴雄	一九四一年四月四日
井上　成美	一九四四年五月十七日
多田　武雄	一九四五年五月十五日

◆海軍省軍務局長（一八七二年十二月二日，設置軍務局，一八七四年五月十九日廢止）

唯　武連　一八七二年十二月七日

林　清康　一八七五年九月一日，設置軍務局

伊東　祐麿　一八七五年八月三十一日

樺山　資紀　一八八〇年十二月四日

井上　良馨　一八八四年二月八日廢止，一八八六年一月二十九日設置

一八八六年一月二十九日

一八八六年六月十七日，一八八九年三月七日，軍務局改爲第一局

伊東　祐亨（第一局長）　一八九三年五月十九日，再改爲軍務局

伊藤　雋吉（兼）　一八八九年五月十七日

山本權兵衛　一八九三年五月二十日

諸岡　賴之　一八九五年三月八日

一八九八年十一月十日

齋藤　實（兼）　一九〇〇年五月二十日
上村彥之丞　一九〇〇年十月二十五日
出羽　重遠　一九〇二年十月二十九日
中溝德太郎　一九〇三年十月二十七日
齋藤　實　一九〇四年二月三日
加藤友三郎　一九〇五年十二月十九日
武富　邦鼎　一九〇六年十一月二十二日
中溝德太郎　一九〇八年五月十五日
栃內曾次郎　一九〇九年十二月一日
江頭安太郎　一九一二年四月二十日
野間口兼雄　一九一三年一月十日
秋山　眞之　一九一四年四月十七日
鈴木貫太郎（兼）　一九一六年二月二十一日
小栗孝三郎　一九一六年六月二十三日
井出　謙治　一九一六年十二月一日
堀內　三郎　一九二〇年八月十六日
大角　岑生　一九二二年五月一日

小林　躋造　一九二三年十二月一日
左近司政三　一九二七年三月二十五日
堀　悌吉　一九二九年九月六日
豐田貞次郎　一九三一年十一月二日
寺島　健　一九三二年五月十二日
吉田　善吾　一九三三年九月十五日
豐田　副武　一九三五年十二月二日
井上　成美　一九三七年十月二十日
阿部　勝雄　一九三九年十月十八日
岡　敬純　一九四〇年十月十五日
多田　武雄　一九四四年八月一日
保科善四郎　一九四五年五月十五日

◆軍令部長（一八八六年三月十八日，設置參謀本部海軍部）

仁禮　景範（參謀本部次長）　一八八六年三月十六日～八八年五月十四日
仁禮　景範（參謀本部海軍部長）　一八八八年五月十四日

伊藤　雋吉（參謀部長）	一八八九年三月八日
有地品之允（參謀部長）	一八八九年五月十七日
井上　良馨（參謀部長）	一八九一年六月十七日
中牟田倉之助（參謀部長）	一八九二年十二月十二日，一八九三年五月二十日，設置海軍軍令部
中牟田倉之助	一八九三年五月二十日
樺山　資紀	一八九四年七月十七日
伊東　祐亨	一八九五年五月十一日
東鄉平八郎	一九〇五年十二月二十日
伊集院五郎	一九〇九年十二月一日
島村　速雄	一九一四年四月二十二日
山下源太郎	一九二〇年十二月一日
鈴木貫太郎	一九二五年四月十五日
加藤　寬治	一九二九年一月二十二日
谷口　尚眞	一九三〇年六月十一日
伏見宮博恭王	一九三二年二月二日，一九三三年十月一日，改稱爲軍令部總長

永野　修身（軍令部總長）　一九四一年四月九日
嶋田繁太郎（軍令部總長）（兼）　一九四四年二月二十一日
豐田　副武（軍令部總長）　一九四五年五月二十九日，一九四五年十月十五日，廢止軍令部

◆軍令部次長

諸岡　賴之　一八九七年十二月二十七日
伊集院五郎（暫代）　一八九八年十一月十日
伊集院五郎　一八九九年九月二十六日
上村彥之丞　一九〇二年三月十七日
出羽　重遠　一九〇二年十月二十九日
伊集院五郎　一九〇三年九月五日
三須宗太郎　一九〇六年十一月二十二日
藤井　較一　一九〇九年十二月一日
山下源太郎　一九一四年三月二十五日
佐藤鐵太郎　一九一五年八月十日

山屋　他人	一九一五年十二月十三日
竹下　勇	一九一八年六月十三日
安保　清種	一九二〇年十二月一日
加藤　寛治	一九二二年五月一日
堀內　三郎	一九二三年六月一日
齋藤七五郎	一九二四年四月十日
野村吉三郎	一九二六年七月二十六日
末次　信正	一九二八年十二月十日
永野　修身	一九三〇年六月十日
百武　源吾	一九三一年十月十日
高橋　三吉	一九三二年二月八日
松山　茂	一九三三年十一月十五日
加藤　隆義	一九三四年一月十七日
嶋田繁太郎	一九三五年十二月二日
古賀　峰一	一九三七年十二月一日
近藤　信竹	一九三九年十月二十一日
伊藤　整一	一九四一年九月一日

塚原二四三　一九四四年三月一日
小澤治三郎　一九四四年十一月十八日
大西瀧治郎　一九四五年五月二十九日

三　海軍高級幹部

◆馬公（澎湖）要港部

司令官　上村正之丞（少將或高級幹部、中將）　一九〇一年四月七日
尾本　知道　一九〇三年九月二十三日
植村　永孚　一九〇五年六月十三日
松本　正明　一九〇五年十二月二十日
梨羽　時起　一九〇六年十一月二十二日
鹿野勇之進　一九〇七年三月十二日
玉利　親賢　一九〇九年十二月一日
伊地知彦次郎　一九一〇年十二月一日
小泉鑠太郎　一九一一年十二月一日
西紳　六郎　一九一三年四月十四日

釜屋　忠道	一九一三年十二月一日
江口　麟六	一九一四年十二月十七日
黑井悌次郎	一九一五年十二月十三日
松村　龍雄	一九一六年十二月一日
千阪智次郎	一九一七年十二月十二日
山路　一善	一九一八年六月十三日
中川　繁丑	一九一九年十二月一日
谷口　尚眞	一九二〇年十二月一日
吉田　清風	一九二一年八月一日
飯田　久恆	一九二一年十二月二十六日
山內　四郎	一九二三年六月一日
田尻　唯二	一九二三年十一月六日
藤原英三郎	一九二四年十二月二十日
飯田延太郎	一九二五年八月一日
七田今朝一	一九二七年十二月一日
濱野英次郎	一九二八年十二月十日
湯池　秀生	一九三〇年十二月一日

後藤　章　一九三二年一月十一日
山內豐中　一九三二年六月十八日
新山良幸　一九三三年十一月十五日
大野　寬　一九三四年十一月十五日
和田專三　一九三五年十一月十五日
水戶春造　一九三七年十二月一日
原　五郎　一九三八年十一月十五日
高橋伊望　一九三九年十一月十五日
山本弘毅　一九四一年二月二十七日
山本弘毅（改稱馬公警備府司令長官）　一九四一年十一月二十六日
高木武雄　一九四二年十一月二十日
高木武雄（中將，改稱高雄警備府司令長官）　一九四三年四月一日
山縣正鄉　一九四三年六月十日
福田良三　一九四三年十一月三十日
志摩清英　一九四五年五月十日

◆鎮海（朝鮮）防備隊

司令官　餅原　平二（少將）　一九〇四年一月十二日，一九〇五年十二月十二日出缺

宮岡　直記　一九〇七年九月九日

仙頭　武夫　一九一〇年十二月一日

上泉　德彌　一九一一年十二月一日

山田猶之助（大佐）　一九一二年七月九日

山口九十郎　一九一四年八月八日

山口九十郎（以後少將或中將，改稱鎮海要港部司令官）　一九一六年四月一日

東鄉吉太郎　一九一六年十二月一日

田所　廣海　一九一八年十二月一日

千阪智次郎　一九一九年十二月一日

山路　一善　一九二〇年十二月一日

百武　三郎　一九二二年十二月一日

桑島　省三　一九二三年六月一日

松村　菊男	一九二四年二月五日
犬塚　太郎	一九二五年四月十五日
長澤直太郎	一九二六年十二月一日
清河　純一	一九二七年十二月一日
原敢　二郎	一九二九年十一月一日
米內　光政	一九三〇年十二月一日
鹽澤　幸一	一九三二年十二月一日
市村　久雄	一九三四年一月十七日
小林省三郎	一九三四年十一月十五日
井上　繼松	一九三六年三月十六日
原敬　太郎	一九三六年十二月一日
有地十五郎	一九三七年十二月一日
小林宗之助	一九三八年十一月十五日
塚原二四二	一九四〇年四月十五日
坂元伊久太（改稱鎮海警備府司令長官，中將）	一九四一年九月一日
後藤　英次	一九四二年九月十五日

岡敬　純　一九四四年九月九日
山口儀三朗　一九四五年四月二十日

◆支那（中國）方面艦隊

司令長官　長谷川　清　一九三七年十月二十日
及川古志郎　一九三八年四月二十五日
嶋田繁太郎　一九四〇年五月一日
古賀　峰一　一九四一年九月一日
吉田　善吾　一九四二年十一月一日
近藤　信竹　一九四三年十二月一日
福田　良三　一九四五年五月十五日

參謀長　杉山　六藏　一九三七年十月二十日
草鹿　任一　一九三八年四月二十五日
井上　成美　一九三九年十月二十三日
大川內傳七　一九四〇年十月一日
田結　穰　一九四二年三月十六日

宇垣　完爾　一九四三年九月一日
左近允尚正　一九四四年十二月十五日

◆第一遣支（華）艦隊

司令長官　谷本馬太郎　一九三九年十一月十五日
細萱戊子郎　一九四〇年十一月十五日
小松　輝久　一九四一年七月五日
牧田覺三郎　一九四二年二月十四日
遠藤　喜一　一九四三年三月九日，八月二十日廢止

◆第二遣支（華）艦隊

司令長官　高須　四郎　一九三九年十一月十五日
澤本　賴雄　一九四〇年十月十五日
新見　政一　一九四一年四月四日
原　清　一九四二年七月十四日
副島　大助　一九四三年六月二十一日

藤田類太郎　一九四五年二十五日

◆第三遣支（華）艦隊

司令長官
野村　直邦　一九三九年十一月十五日
清水　光美　一九四〇年九月三十日
杉山　六藏　一九四一年七月五日
河瀨　四郎　一九四一年十二月二十六日，一九四二年四月十日廢止

◆駐清國（中國）海軍武官（大尉、上任日期）

世良　田亮　一八八七年五月九日
細谷　資氏　一八九〇年六月二十七日
井上　敏夫（少佐）　一八九二年九月五日，一八九五年八月十七日出缺
井上　良智（以後中佐或大佐）　一八九五年五月二十五日
瀧川　具和　一八九七年四月十七日

森義　太郎	一九〇〇年一月十八日
吉田增次郎（少佐）	一九〇二年一月二十八日
釜屋　忠道	一九〇五年十二月十二日
中村　靜嘉	一九〇六年六月二十一日
增田　高賴	一九〇七年十月十五日
森義　太郎（少將）	一九〇八年五月二十二日
吉田增次郎	一九一四年一月二十四日
增田　高賴	一九一五年十二月二十五日
伊集院　俊	一九一六年六月八日
八角　三郎	一九一八年十二月一日
中島　晉	一九二一年五月三十一日
津田　靜枝（大佐）	一九二三年六月一日
杉坂悌二郎	一九二六年十一月一日
北岡　春雄	一九二九年十二月一日
佐藤　脩	一九三二年十二月一日
本田　忠雄（以後少將或中將）	一九三六年十二月一日
野村　直邦	一九三八年四月二十五日

岩村　清一　一九三九年十月二十六日
藤田利三郎　一九四〇年四月二十日
金澤　正夫　一九四〇年十月十五日
代谷　清志　一九四一年十月十五日
前田　稔　一九四三年二月十日
中村　勝平　一九四四年一月七日
前田　稔　一九四四年七月二十日
小川　貫璽　一九四五年二月十日

◆駐偽滿州國海軍武官（上任日期）

志摩　清英（少將）　一九三三年二月十四日
藤森清一朗　一九三三年四月一日
大島乾四郎　一九三四年九月一日
鈴木　義尾　一九三六年七月一日
代谷　清志　一九三七年十一月一日
田結　稔　一九三九年一月十日

桑折英三郎　一九三九年十月二日
山田　滿　一九四〇年十一月十五日
松永　次郎　一九四一年十月十五日
丸茂　邦則　一九四二年十二月二十一日

◆支那（中國）公使館海軍助理武官（少佐，上任日期）

岡野　俊吉（大尉）　一九二二年五月五日
久保田久晴　一九二三年四月十日
北浦　豐男　一九二五年九月十日
中原　三郎　一九二六年十二月一日
藤原喜代間（大尉）　一九二八年三月一日
富田　貴一（改稱中國公使館海軍助理武官，少佐或中佐）　一九三〇年二月十日
酒井　武雄　一九三〇年九月五日
藤村喜代間　一九三二年八月二十四日
沖野　亦男　一九三三年十一月十五日

桑原　重遠　一九三五年六月一日
小別當惣三　一九三七年一月二十三日，十二月八日廢止
沖野　亦男　一九四一年十月十日
小柴　直貞　一九四三年一月六日
本田　勝熊　一九四四年十月一日

◆駐上海海軍武官（中佐，上任日期）

津田　靜枝　一九二二年七月十三日
猪瀨　乙彥　一九二三年十一月五日
佐藤　脩　一九二五年十月二十日
菅沼　恕人　一九二八年三月十五日
富田　貴一（以後少、中佐）　一九二九年十一月三十日
桑原　重遠　一九三〇年三月十五日
小別當惣三　一九三二年十二月一日
沖野　亦男　一九三五年六月一日
本田　忠雄（少將，臨時特務部長）　一九三七年十二月九日

野村　直邦（少將）　一九三八年四月二十五日
野村　直邦（兼任，稱爲上海在勤武官）　一九三九年三月十五日
岩村　清一（少將）　一九三九年十月二十六日
金澤　正夫（少將，兼任）　一九四〇年十月十五日
藤田利三郎　一九四〇年十二月十五日
岡　新（少將）　一九四一年十一月十五日
近藤泰一郎（少將）　一九四三年八月二十日
湊慶　讓　一九四五年十一月七日

◆駐南京海軍武官（中佐或大佐，上任日期）

津田　靜枝　一九二九年五月十五日
菅沼　恕人　一九二九年十一月三十日
須賀彥次郎　一九三二年四月二十三日
岡野　俊吉　一九三三年十一月一日
北浦　豐男　一九三五年四月二十日
中原　三郎　一九三六年一月十五日至一九三七年十月十二日

中原　三郎　一九三七年十二月十五日
田中　稔　一九三八年九月十五日
澤田　虎夫　一九三九年三月十五日
伊藤　賢三　一九三九年七月二十日
金澤　正夫（少將，兼任）　一九四〇年十二月十一日
代谷　清志（兼任）　一九四一年十月十五日
前田　稔　一九四三年二月十日
小川　貫璽（兼任）　一九四五年二月十日

◆駐漢口海軍武官（少佐或中佐，上任日期）

岡野　俊吉　一九二八年六月十五日
鈴木　幸三　一九二八年九月一日
須賀彥次郎　一九三〇年一月十五日
益田　康彥　一九三一年十一月二日
田尻　穰　一九三三年二月四日
長井　滿　一九三四年五月一日

中津　成基　一九三五年十一月十五日
鎌田　正一　一九三六年十二月一日，至一九三七年十月十二日
左近允尚正（改稱漢口特務部長，大佐）　一九三八年九月二十日
福田貞三郎　一九四〇年九月二十五日
大田　實　一九四一年十一月一日，一九四二年一月十五日廢止
肥後　市次（改稱漢口在勤武官）　一九四二年六月一日
沖野　亦男　一九四二年十二月二十八日
北浦　豐男　一九四四年三月二十日

◆駐青島海軍武官（少佐或中佐，上任日期）

酒井　武雄　一九二九年五月十日
藤原喜代間　一九三〇年九月五日
田中　穰　一九三二年八月二十四日
肥後　市次　一九三四年五月十五日

田尻　穰　　一九三五年十一月十五日
田中　穰　　一九三七年七月一日至十日
白石　萬隆（大佐）　一九三八年一月十日
柴田彌一郎　一九三八年十一月十五日，至一九三九年三月十日
谷本　計三（大佐）　一九三九年五月二十日，至一九四〇年三月九日

◆駐天津海軍武官（中佐或大佐，上任日期）

久保田久晴　一九三五年十二月二日
須賀彥次郎　一九三七年十月三十一日
小別當惣三　一九三七年十二月八日
田中　穰　　一九三八年四月二十五日
大西　敬一　一九三八年九月十五日
中津　成基　一九三九年三月十日至十一月十五日
只木　信行　一九四一年七月一日
遠藤　實　　一九四二年十二月十五日
田尻　穰（大佐）　一九四四年四月十五日

◆駐廣東（廣州）海軍武官（中佐，上任日期）

中原　三郎　一九三三年一月十七日

北浦　豐男　一九三六年一月十五日，至一九三七年九月十八日

宇垣　完爾（改稱南市特務部長，代理）　一九三八年十月二十二日

岩越　寒季（代理）　一九三九年十月十日

岩越　寒季（眞除）　一九四〇年十一月十五日

田尻　穰（改稱廣東在勤武官）　一九四二年三月十日

肥後　市次　一九四二年十一月十日

◆駐廈門海軍武官（大佐，上任日期）

酒井　武雄　一九三三年十一月十五日

須賀彥次郎（改稱福州武官）　一九三四年十一月十日

湊慶　讓　一九三六年十二月一日，至一九三七年十月七日

原　忠一（改稱廈門武官，代理）　一九三八年九月十五日

原　忠一（眞除）　一九三九年三月十日至十一月十五日
西田　正雄　一九四三年三月二十日
關敕　滋　一九四四年八月一日
松本　一郎　一九四五年三月一日

◆汪偽政權海軍軍事顧問（少將，上任日期）

須賀彥次郎　一九四一年一月八日
寺岡　謹平　一九四一年三月二十五日
前田　稔（兼任）　一九四四年一月十四日
小川　貫造（兼任）　一九四五年二月十日

◆駐海南島特務部長（大佐，上任日期）

前田　稔　一九三九年十一月十五日
松永　貞市　一九四〇年二月十五日
鎌田　道章　一九四〇年十月十五日
北浦　豐男（改稱海南島特務部政務局長）　一九四一年四月十五日

藤原喜代間　一九四一年六月十日
溝口　征　一九四三年十月二十七日

◆駐汕頭海軍武官（中、大佐，上任日期）

長谷眞三郎　一九三九年六月二十日
鎌田　正一　一九三九年十一月十五日
田尻　穰　一九四〇年十月一日

◆駐偽滿海軍部（少將或中將，上任日期）

小林省三郎　一九三三年四月一日
津田　靜枝　一九三四年十一月十五日
濱田吉治郎　一九三五年十一月十五日
日比野正治　一九三六年十二月一日
谷本馬太郎　一九三七年十二月一日
高須　四郎　一九三八年八月一日，十一月十四日廢止

附錄三　日本各艦隊司令長官及參謀長

◆第一艦隊司令長官

東鄉平八郎（大將、元帥）一九〇三年十月二十八日至一九〇五年十二月二十日

片岡七郎（大將）一九〇五年十二月三十日至一九〇六年十一月二十二日

有馬新一（中將）一九〇六年十一月二十二日至一九〇八年五月二十六日

伊集院五郎（大將、元帥）一九〇八年五月二十六日至一九〇九年十二月一日

上村彥之丞（大將）一九〇九年十二月一日至一九一一年十二月一日

出羽重遠（大將）一九一一年十二月一日至一九一三年十二月一日

加藤友三郎（大將、元帥）一九一三年十二月一日至一九一五年八月十日

藤井較一（大將）一九一五年八月一日至一九一五年九月二十三日

吉松茂太郎（大將）一九一五年九月二十三日至一九一七年十二月一日

山下源太郎（大將）一九一七年十二月一日至一九一九年十二月一日

山屋他人（大將） 一九一九年十二月一日至一九二〇年八月二十四日

栃內曾次郎（大將） 一九二〇年八月二十四日至一九二二年七月二十七日

竹下勇（大將） 一九二二年七月二十七日至一九二四年一月二十七日

鈴木貫太郎（大將） 一九二四年一月二十七日至一九二四年十二月一日

岡田啓介（大將） 一九二四年十二月一日至一九二六年十二月十日

加藤寛治（大將） 一九二六年十二月十日至一九二七年十二月十日

谷口尚眞（大將） 一九二七年十二月十日至一九二九年十一月十一日

山本英輔（大將） 一九二九年十一月十一日至一九三一年十二月一日

小林躋造（大將） 一九三一年十二月一日至一九三三年十一月十五日

末次信正（大將） 一九三三年十一月十五日至一九三四年十一月十五日

高橋三吉（大將） 一九三四年十一月十五日至一九三六年十二月一日

米內光政（大將） 一九三六年十二月一日至一九三七年二月二日

永野修身（大將） 一九三七年二月二日至一九三七年十二月一日

吉田善吾（大將） 一九三七年十二月一日至一九三九年八月三十日

山本五十六（大將）　一九三九年八月三十日至一九四一年八月十一日
高須四郎（大將）　一九四一年八月十一日至一九四二年七月十四日
清水光美（中將）　一九四二年七月十四日至一九四三年十月二十日
南雲忠一（大將）　一九四三年十月二十日至一九四四年二月二十五日

◆第一艦隊參謀長

島村速雄（大將、元帥）　一九〇四年十月二十八日至一九〇六年一月十二日
加藤友三郎　一九〇六年一月十二日至一九〇六年十二月二十日
藤井較一　一九〇六年十二月二十日至一九〇七年十月二十二日
山下源太郎　一九〇七年十月二十二日至一九〇九年十二月十日
財部彪（大將）　一九〇九年十二月十日至一九一〇年十二月一日
野間口兼雄（大將）　一九一〇年十二月一日至一九一一年三月十一日
秋山眞之（中將）　一九一一年三月十一日至一九一二年十二月一日
竹下勇　一九一二年十二月一日至一九一三年十二月一日
佐藤鐵太郎（中將）　一九一三年十二月一日至一九一四年四月十七日
山路一善（中將）　一九一四年四月十七日至一九一四年十二月一日
山中柴吉（中將）　一九一四年十二月一日至一九一五年十二月十三日

堀內三郎（中將）　一九一五年十二月十三日至一九一七年十二月一日
齊藤半六（中將）　一九一七年十二月一日至一九一八年十二月一日
船越楫四郎（中將）　一九一八年十二月一日至一九一九年十二月一日
吉岡範策（中將）　一九一九年十二月一日至一九二一年十二月一日
白根熊三（中將）　一九二一年十二月一日至一九二三年十二月一日
樺山可也（少將）　一九二三年十二月一日至一九二四年十一月十日
原敢二郎（中將）　一九二四年十一月十日至一九二五年十二月一日
大湊直太郎（中將）　一九二五年十二月一日至一九二六年十一月一日
高橋三吉　一九二六年十一月一日至一九二七年十二月一日
濱野英次郎（中將）　一九二七年十二月一日至一九二八年十二月十日
寺島健（中將）　一九二八年十二月十日至一九二九年十二月一日
鹽澤幸一（大將）　一九二九年十二月一日至一九三〇年十二月一日
嶋田繁太郎（大將）　一九三〇年十二月一日至一九三〇年十二月一日
吉田善吾　一九三一年十二月一日至一九三三年九月十五日
豐田副武（大將）　一九三三年九月十五日至一九三五年三月十五日
近藤信竹（大將）　一九三五年三月十五日至一九三五年十一月十五日
野村直邦（大將）　一九三五年十一月十五日至一九三六年十一月十六日

岩下保太郎（少將）　一九三六年十一月十六日至一九三七年二月十八日
小澤治三郎（中將）　一九三七年二月十八日至一九三七年十一月十五日
高橋伊望（中將）　一九三七年十一月十五日至一九三九年十一月五日
福留繁（中將）　一九三九年十一月五日至一九四〇年四月十日
伊藤整一（大將）　一九四〇年四月十日至一九四一年八月十一日
小林謙五（中將）　一九四一年八月十一日至一九四三年一月六日
高柳儀八（中將）　一九四三年一月六日至一九四四年二月二十五日

◆第二艦隊司令長官

上村彥之丞　一九〇三年十月二十七日至一九〇五年十二月二十日
出羽重遠　一九〇五年十二月二十日至一九〇六年十一月二十二日
伊集院五郎　一九〇六年十一月二十二日至一九〇八年五月二十六日
出羽重遠　一九〇六年五月二十六日至一九〇七年十二月一日
島村速雄　一九〇七年十二月一日至一九一一年十二月一日
吉松茂太郎　一九一一年十二月一日至一九一二年十二月一日

伊地知季珍（中將） 一九一二年十二月一日至一九一三年十二月一日
加藤定吉（大將） 一九一三年十二月一日至一九一五年二月五日
名和又八郎（大將） 一九一五年二月五日至一九一五年十二月十三日
八代六郎（大將） 一九一五年四月十二日至一九一七年十二月一日
依仁親王（大將、元帥） 一九一七年十二月一日至一九一八年六月十三日
山屋他人 一九一八年六月三日至一九一九年十二月一日
博恭王（大將、元帥） 一九一九年十二月一日至一九二〇年十二月一日
鈴木貫太郎 一九二〇年十二月一日至一九二一年十二月一日
中野直枝（中將） 一九二二年十二月一日至一九二三年六月一日
加藤寬治 一九二三年六月一日至一九二四年十二月一日
齋藤半六 一九二四年十二月一日至一九二五年九月十六日
谷口尚美 一九二五年九月十六日至一九二六年十二月十日
吉川安平（中將） 一九二六年十二月十日至一九二八年五月十六日
大谷幸四郎（中將） 一九二八年五月十六日至一九二八年十二月十日
大角岑生（大將） 一九二八年十二月十日至一九二九年十一月十一日
飯田延太郎（中將） 一九二九年十一月十一日至一九三〇年十二月一日
中村良三（大將） 一九三〇年十二月一日至一九三一年十二月一日

末次信正 一九三一年十二月一日至一九三三年十一月十五日
高橋三吉 一九三三年十一月十五日至一九三四年十一月十五日
米內光政 一九三四年十一月十五日至一九三五年十二月二日
加藤隆義（大將） 一九三五年十二月二日至一九三六年十二月一日
吉田善吾 一九三六年十二月一日至一九三七年十二月一日
嶋田繁太郎 一九三七年十二月一日至一九三八年十一月十五日
豐田副武 一九三八年十一月十五日至一九三九年十月二十一日
古賀峰一（大將） 一九三九年十月二十一日至一九四一年九月一日
近藤信竹 一九四一年九月一日至一九四三年八月九日
栗田健男 一九四三年八月九日至一九四四年十二月二十三日
伊藤整一 一九四四年十二月二十三日至一九四五年四月七日

◆第二艦隊參謀長

加藤友三郎 一九〇三年十二月二十八日至一九〇五年一月十二日
藤井較一 一九〇五年一月十二日至一九〇五年十二月二十日
山屋他人 一九〇五年十二月二十日至一九〇七年一月十四日

竹下勇	一九〇七年九月二十八日至一九〇七年十二月十七日
有馬良橘（大將）	一九〇七年十二月十七日至一九〇八年十一月二十日
松村龍雄（中將）	一九〇八年十一月二十日至一九〇九年二月一日
高木七太郎（少將）	一九〇九年十二月一日至一九一一年一月二十二日
吉田清風（中將）	一九一一年一月二十二日至一九一一年十二月一日
安保清種（大將）	一九一一年十二月一日至一九一二年十二月一日
吉田清風	一九一二年一月十二日至一九一五年二月一日
加藤寬治	一九一五年二月一日至一九一五年十二月十三日
永田泰次郎（中將）	一九一五年十二月十三日至一九一六年十二月一日
下村延太郎（中將）	一九一六年十二月一日至一九一七年九月十五日
百武三郎（大將）	一九一七年九月十五日至一九一八年十一月十日
中川繁丑（少將）	一九一八年十一月十日至一九一九年十二月一日
吉川安平	一九一九年十二月一日至一九二〇年十二月一日
松村菊男（中將）	一九二〇年十二月一日至一九二一年十二月一日
中村良三	一九二二年十二月一日至一九二三年十一月六日
安東昌喬（中將）	一九二三年十一月六日至一九二四年十二月一日
島祐吉（中將）	一九二四年十二月一日至一九二五年十二月一日

米內光政　一九二五年十二月一日至一九二六年十二月一日
松山茂（中將）　一九二六年十二月一日至一九二七年十二月一日
寺島健　一九二七年十二月一日至一九二八年十二月十日
堀悌吉（中將）　一九二八年十二月十日至一九二九年九月六日
鹽澤幸一　一九二九年九月六日至一九二九年十二月一日
嶋田繁太郎　一九二九年十二月一日至一九三〇年十二月一日
小槇和輔（少將）　一九三〇年十二月一日至一九三一年十月十日
中村龜三郎（中將）　一九三一年十月十日至一九三三年十一月十五日
有地十五郎（中將）　一九三三年十一月十五日至一九三四年十一月十五日
三木太市（少將）　一九三四年十一月十五日至一九三五年十一月十五日
水戶春造（中將）　一九三五年十一月十五日至一九三六年四月一日
新見政一（中將）　一九三六年四月一日至一九三六年十二月一日
三川軍一（中將）　一九三六年十二月一日至一九三七年十一月十五日
伊藤整一　一九三七年十一月十五日至一九三八年十一月十五日
高木武雄（大將）　一九三八年十一月十五日至一九三九年十一月一日
鈴木義尾（中將）　一九三九年十一月一日至一九四一年八月三十日
白石万隆（中將）　一九四一年八月三十日至一九四三年七月二日

小柳富次（中將）　一九四三年七月二日至一九四四年十一月二十五日
森下信衛（少將）　一九四四年十一月二十五日至一九四五年四月二十日

◆第三艦隊司令長官

片岡七郎　一九〇三年十二月二十八日至一九〇五年十二月二十日
武富邦鼎（中將）　一九〇五年十二月二十日至一九〇六年十一月二十二日
玉利親賢（中將）　一九〇六年十一月二十二日至一九〇七年八月七日
武富邦鼎　一九〇八年八月七日至一九〇八年十二月一日
寺垣猪三（中將）　一九〇八年十二月一日至一九一〇年十二月一日
川島令次郎（中將）　一九一〇年十二月一日至一九一二年四月二十日
名和又八郎　一九一一年四月二十日至一九一四年三月二十五日
土屋光金（中將）　一九一四年三月二十五日至一九一五年二月五日
財部彪　一九一五年二月五日至一九一五年十二月十三日
村上格一（大將）　一九一五年十二月十三日至一九一七年四月六日
有馬良橘　一九一七年四月六日至一九一八年十二月一日

黑井悌次郎（大將）	一九一八年十二月一日至一九一九年十二月一日
野間口兼雄	一九一九年十二月一日至一九二〇年十二月一日
小栗孝三郎（大將）	一九二〇年十二月一日至一九二一年十二月一日
鈴木貫太郎	一九二一年十二月一日至一九二二年七月二十七日
中野直枝	一九二二年七月二十七日至一九二二年十二月一日
野村吉三郎（大將）	一九三二年二月二日至一九三二年六月二十八日
左近司政三（中將）	一九三二年六月二十八年至一九三二年十二月一日
米內光政	一九三二年十二月一日至一九三三年九月十五日
今村信次郎（中將）	一九三三年九月十五日至一九三四年十一月十五日
百武源吾（大將）	一九三四年十一月十五日至一九三五年十二月一日
及川古志郎（大將）	一九三五年十二月一日至一九三六年十二月一日
長谷川清（大將）	一九三六年十二月一日至一九三八年四月二十五日
及川古志郎	一九三八年四月二十五日至一九三九年十一月十五日
高橋伊望	一九四一年四月十日至一九四二年四月十日
南雲忠一	一九四二年七月十四日至一九四二年十一月十一日
小澤治三郎	一九四二年十一月十一日至一九四四年三月一日
小澤治三郎	一九四四年三月一日至一九四四年十一月十五日

◆第三艦隊參謀長

中村靜嘉（少將）	一九〇三年十二月七日至一九〇五年一月十二日
齋藤孝至（中將）	一九〇五年一月十二日至一九〇五年十一月二日
高木七太郎	一九一五年十二月十三日至一九一六年四月一日
平賀德太郎（少將）	一九一六年四月一日至一九一七年三月十九日
飯田久恒（中將）	一九一七年三月十九日至一九一七年十二月一日
齋藤七五郎（中將）	一九一七年十二月一日至一九一八年十二月一日
古川鈊三郎（中將）	一九一八年十二月一日至一九一九年六月十日
內田虎三郎（中將）	一九一九年六月十日至一九二〇年十一月二十日
田口久盛（少將）	一九二〇年十一月二十日至一九二一年十二月一日
小松直幹（中將）	一九二一年十二月一日至一九二二年十二月一日
嶋田繁太郎	一九三二年二月二日至一九三二年六月二十八日
菊野茂（中將）	一九三二年六月二十八日至一九三三年四月一日
三井清三郎（少將）	一九三三年四月一日至一九三三年十一月十五日
高須四郎	一九三三年十一月十五日至一九三四年十一月十五日
近藤英次郎（中將）	一九三四年十一月十五日至一九三五年十二月一日
岩村清一（中將）	一九三五年十二月一日至一九三六年十一月十六日

杉山六藏（中將）一九三六年十一月十六日至一九三八年四月二十五日
草鹿任一（中將）一九三八年四月二十五日至一九三九年十月二十三日
井上成美（大將）一九三九年十月二十三日至一九三九年十一月十五日
中村俊久（中將）一九四一年四月十日至一九四二年四月十日
草鹿龍之介（中將）一九四二年七月十四日至一九四二年十一月二十三日
山田定義（中將）一九四二年十一月二十三日至一九四三年十二月六日
古村啓藏（少將）一九四三年十二月六日至一九四四年十月一日
大林末雄（少將）一九四四年十月一日至一九四四年十一月十五日

◆第四艦隊司令長官

豐田副武　一九三七年十月二十日至一九三八年十一月十五日
日比野正治（中將）一九三八年十一月十五日至一九三九年十一月十五日
片桐英吉（中將）一九三九年十一月十五日至一九四〇年十一月十五日
高須四郎　一九四〇年十一月十五日至一九四一年八月十一日
井上成美　一九四一年八月十一日至一九四二年十月二十六日
鮫島具重（中將）一九四二年十月二十六日至一九四三年四月一日
小林仁（中將）一九四三年四月一日至一九四四年二月二十九日

原忠一（中將）　一九四四年二月二十九日至一九四五年八月

◆第四艦隊參謀長

小林仁　一九三七年十月二十日至一九三八年九月一日
岡新（中將）　一九三八年九月一日至一九三九年十一月十五日
岸福治（中將）　一九三九年十一月十五日至一九四一年十月十日
矢野志加三（中將）　一九四一年十月十日至一九四二年十一月一日
鍋島俊策（少將）　一九四二年十一月一日至一九四四年一月六日
澄川道男（少將）　一九四四年一月六日至一九四四年三月三十日
有馬馨（中將）　一九四四年三月三十日至一九四四年八月十二日
澄川道男　一九四四年八月十二日至一九四五年八月七日

◆第五艦隊司令長官

鹽澤幸一　一九三八年二月一日至一九三八年十二月十五日
近藤信竹　一九三八年十二月十五日至一九三九年九月二十九日
高須四郎　一九三九年九月二十九日至一九三九年十一月十五日

細萱戊子郎（中將）　一九四一年七月二十五日至一九四三年三月三十一日
河瀨四郎（中將）　一九四三年三月三十一日至一九四四年二月十五日
志摩清英（中將）　一九四四年二月十五日至一九四五年二月五日

◆第五艦隊參謀長

田結穰（中將）　一九三八年三月一日至一九三八年十二月十五日
山口多聞（中將）　一九三八年十二月十五日至一九三九年十一月十五日
中澤佑（中將）　一九四一年七月二十五日至一九四二年十一月六日
一宮義之（少將）　一九四二年十一月六日至一九四三年三月十九日
大和田昇（少將）　一九四三年三月十九日至一九四三年十一月十七日
松本毅（少將）　一九四三年十一月十七日至一九四五年二月四日

◆第六艦隊司令長官

平田昇（中將）　一九四〇年十一月十五日至一九四一年七月二十日
清水光美　一九四一年七月二十一日至一九四二年三月十六日
小松輝久（中將）　一九四二年三月十六日至一九四三年六月二十一日

高木武雄　一九四三年六月二十一日至一九四四年七月十日
三輪茂義（中將）　一九四四年七月十日至一九四五年五月一日
醍醐忠重（中將）

◆第六艦隊參謀長

市岡壽（中將）　一九三五年十一月十五日至一九四一年一月六日
三戶壽（少將）　一九四一年一月六日至一九四二年十月二十二日
島本久五郎（少將）　一九四二年十月二十二日至一九四三年十一月十五日
仁科宏造（少將）　一九四三年十一月十五日至一九四四年十二月二十一日
佐佐木半九（少將）　一九四四年十二月二十一日至一九四五年八月

◆第七艦隊司令長官

岸福治　一九四五年四月十五日至一九四五年八月二十日
大森仙太郎（中將）　一九四五年八月二十日至

◆第七艦隊參謀長

後藤光太郎（少將）　一九四五年四月十日至一九四五年七月十日
藤原喜代間（少將）　一九四五年七月十日至一九四五年八月

◆第八艦隊司令長官

三川軍一　一九四二年七月十四日至一九四三年四月一日
鮫島具重　一九四三年四月一日至一九四五年八月

◆第八艦隊參謀長

大西新藏（中將）　一九四二年七月十四日至一九四三年三月十九日
山澄貞治郎（少將）　一九四三年三月二十九日至一九四五年八月

◆練習艦隊司令官

島村速雄　一九〇五年十二月十九日至一九〇六年十一月十九日
冨岡定恭（中將）　一九〇六年十一月十九日至一九〇七年十月二十一日

吉松茂太郎	一九〇七年八月二十六日至一九〇九年八月二十八日
伊地知彥次郎（中將）	一九〇八年八月二十八日至一九一〇年七月十六日
八代六郎	一九一〇年七月十六日至一九一一年三月十一日
加藤定吉	一九一二年三月十一日至一九一二年四月二十日
栃內曾次郎	一九一二年四月十二日至一九一三年十二月一日
黑井悌次郎	一九一三年十二月一日至一九一四年十二月一日
千坂智次郎（中將）	一九一四年十二月一日至一九一五年十二月六日
松村龍雄	一九一五年四月十二日至一九二六年九月一日
岩村俊武（中將）	一九一六年九月一日至一九一七年九月一日
鈴木貫太郎	一九一七年九月一日至一九一八年十月十八日
中野直枝	一九一八年十月十八日至一九一九年九月十日
堀內三郎	一九一九年九月十日至一九二一年六月一日
船越楫四郎	一九二〇年六月一日至一九二一年五月一日
齋藤半六	一九二一年五月一日至一九二二年四月十五日
谷口尚具	一九二二年四月十五日至一九二三年六月一日
齋藤七五郎	一九二三年六月一日至一九二四年四月十日
古川鈊三郎	一九二四年四月十日至一九二四年十月四日

百武三郎	一九二四年十月四日至一九二五年四月十五日
山本英輔	一九二六年一月十五日至一九二七年二月一日
永野修身	一九二七年二月一日至一九二八年一月十五日
小林躋造	一九二八年一月十五日至一九二九年二月一日
野村吉三郎	一九二九年二月一日至一九三〇年一月五日
左近司政三	一九三〇年十月一日至一九三一年十月一日
今村信次郎	一九三一年十月一日至一九三二年十月一日
百武源吾	一九三二年十月一日至一九三三年九月十五日
寺島健	一九三三年九月十五日至一九三三年十月三日
松下元（中將）	一九三三年十月三日至一九三四年九月二十日
中村龜三郎	一九三四年九月二十日至一九三五年八月一日
吉田善吾	一九三六年二月一日至一九三六年十二月一日
古賀峰一	一九三六年十二月一日至一九三七年十二月一日
高須四郎	一九三七年十二月一日至一九三八年八月一日
谷本島太郎（中將）	一九三八年八月一日至一九三九年四月一日
澤本賴雄（大將）	一九三九年四月一日至一九三九年十二月二十三日
清水光美	一九四〇年六月一日至一九四〇年九月二十日

◆南東方面艦隊參謀長

中原義正（中將）　一九四二年十二月二十四日至一九四三年十一月二十九日

草鹿龍之介　一九四三年十一月二十九日至一九四四年四月六日

富岡定俊（少將）　一九四四年四月六日至一九四四年十一月七日

入船直三郎（中將）　一九四四年十一月七日至一九四五年八月

◆南西方面艦隊司令長官

高橋伊望　一九四二年四月十日至一九四二年九月十五日

高須四郎　一九四二年九月十五日至一九四四年六月十八日

三川軍一　一九四四年六月十八日至一九四四年十一月一日

大川內傳七　一九四四年十一月一日至一九四五年八月

◆南西方面艦隊參謀長

中村俊久　一九四二年四月十日至一九四二年十月十日

多田武雄（中將）　一九四二年十月十日至一九四四年三月十五日

西尾秀彥（中將）　一九四四年三月十五日至一九四四年十一月一日
有馬馨　一九四四年十一月一日至一九四五年八月

◆第一南遣艦隊司令長官

平田昇　一九四一年七月三十一日至一九四一年十月十八日
小澤治三郎　一九四一年十月十八日至一九四二年七月十四日
大川內傳七　一九四二年七月十四日至一九四三年九月二十日
田結穰　一九四三年九月二十日至一九四五年一月十三日
福留繁　一九四五年一月十三日至一九四五年八月

◆第二南遣艦隊司令長官

高橋伊望　一九四二年三月十日至一九四二年九月十五日
高須四郎　一九四二年九月十五日至一九四三年四月十五日
岩村清一　一九四三年四月十五日至一九四三年九月三日
三川軍一　一九四三年九月三日至一九四四年六月十八日
河瀨四郎　一九四四年六月十八日至一九四五年一月二十九日

柴田彌一郎（中將）　一九四五年一月二十九日至一九四五年八月

◆第三南遣艦隊司令長官

杉山六藏　一九四二年一月三日至一九四二年十二月一日
太田泰治（中將）　一九四二年十二月一日至一九四三年九月二十日
岡新　一九四三年九月二十日至一九四四年八月十五日
三川軍一　一九四四年八月十五日至一九四四年十一月一日
大川內傳七　一九四四年十一月一日至一九四五年八月

◆第四南遣艦隊司令長官

山形正鄉（大將）　一九四三年十一月三十日至一九四五年三月十日

◆北東方面艦隊司令長官

戶塚道太郎（中將）　一九四三年八月五日至一九四四年九月十五日
後藤英次（中將）　一九四四年九月十五日至一九四四年十二月五日

◆中部太平洋方面艦隊參謀長

矢野英雄（中將）　一九四四年三月四日至一九四四年七月十八日

◆第一航空艦隊

司令長官　南雲忠一　一九四一年四月十日至一九四二年七月十四日
參謀長　草鹿龍之介　一九四一年四月十五日至一九四二年七月十四日

◆第一機動艦隊

司令長官　小澤治三郎　一九四四年三月一日至一九四四年十一月十八日
參謀長　古村啓藏　一九四四年三月一日至一九四四年十月一日
　　　　大林末雄　一九四四年十月一日至一九四四年十一月十八日

◆第一航空艦隊（新）

司令長官　角田覺治（中將）一九四三年七月一日至一九四四年八月七日
寺岡謹平（中將）一九四四年八月七日至一九四四年十月二十日
西瀧治郎（中將）一九四四年十月二十日至一九四五年五月十日
志摩清英　一九四五年五月十日至一九四五年六月十五日
參謀長　三和義勇（少將）一九四三年七月一日至一九四四年八月七日
小田原俊彥（少將）一九四四年八月七日至一九四五年一月八日
菊池朝三（少將）一九四五年一月八日至一九四五年五月十日
中澤佑　一九四五年五月十日至一九四五年六月十五日

◆第二航空艦隊

司令長官　福留繁　一九四四年六月十五日至一九四五年一月十三日
參謀長　杉本丑衛（中將）一九四四年六月十五日至一九四四年十月二十三日
菊池朝三　一九四四年十月二十三日至一九四五年一月八日

◆第三航空艦隊

司令長官　吉良俊一（中將）　一九四四年七月十日至一九四四年十一月十七日

寺岡謹平　一九四四年十一月十七日至一九四六年八月二十六日

山田定義　一九四五年八月二十六日至

參謀長　三浦艦三（少將）　一九四四年七月十日至一九四四年八月一日

田口太郎（少將）　一九四四年八月一日至一九四五年一月一日

山澄忠三郎（少將）　一九四五年一月一日至一九四五年八月二十六日

高橋千隼（大佐）　一九四五年八月二十六日至

◆第五航空艦隊

司令長官　宇垣纏（中將）　一九四五年二月十日至一九四五年八月十七日

草鹿龍之介　一九四五年八月十七日至

參謀長　橫井俊之（少將）　一九四五年二月十日至一九四五年八月

◆第十一航空艦隊

司令長官　片桐英吉　一九四一年一月十五日至一九四一年九月十日

塚原二四三（大將）　一九四四年九月十日至一九四二年十月一日

草鹿任一　一九四二年十月一日至一九四五年八月

參謀長　大西瀧治郎　一九四一年一月十五日至一九四二年二月十日

酒卷宗孝（中將）　一九四二年二月十日至一九四二年十二月二十四日

中原義正　一九四二年十二月二十四日至一九四三年十一月二十九日

草鹿龍之介　一九四三年十一月二十九日至一九四四年四月六日

富岡定俊　一九四四年四月六日至一九四四年十一月七日

入船直三郎　一九四四年十一月七日至一九四五年八月

◆第十航空艦隊

司令長官　前田穰（中將）　一九四五年三月一日至一九四五年八月

參謀長　山本親雄（少將）一九四五年三月一日至一九四五年五月二十五日

神重德（大佐）一九四五年六月二十日至一九四五年九月

◆第十二航空艦隊

司令長官　戶塚道太郎　一九四三年五月十八日至一九四四年九月十五日

後藤英次　一九四四年九月十五日至一九四五年三月十五日

宇垣完爾　一九四五年三月十五日至一九四五年八月

參謀長　一宮義之　一九四三年五月十八日至一九四五年二月十五日

鹿目善輔　一九四五年二月十五日至一九四五年八月

◆第十三航空艦隊

司令長官　高須四郎　一九四三年九月十九日至一九四四年六月十八日

三川軍一　一九四四年六月十八日至一九四四年十一月一日
大川內傳七　一九四四年十一月一日至一九四五年一月八日
田結穰　一九四五年一月八日至一九四五年一月十三日
福留繁　一九四五年一月二十日至一九四五年八月
參謀長　多田武雄　一九四三年九月二十日至一九四四年三月十五日
西尾秀彥　一九四四年三月十五日至一九四四年十一月一日
有馬馨　一九四四年十一月一日至一九四五年一月八日
朝倉豐次（少將）　一九四五年一月八日至一九四五年八月

◆第十四航空艦隊

司令長官　南雲忠一　一九四四年三月四日至一九四四年七月十八日
參謀長　矢野英雄　一九四四年三月四日至一九四四年七月十八日

◆海上護衛總隊

司令長官　及川古志郎　一九四三年十一月十五日至一九四四年九月十五日

野村直邦　一九四四年九月十五日至一九四五年五月一日

豐田副武　一九四五年五月一日至一九四五年五月二十九日

小澤治三郎　一九四五年五月二十九日至一九四五年八月

參謀長

島本久五郎　一九四三年十一月十五日至一九四四年二月二十三日

岸福治　一九四四年二月十三日至一九四四年十二月十一日

西尾秀彥　一九四四年十二月十一日至一九四五年八月

（註）人名後面括弧爲其最後官階。

後記

『文化應互相包容』

◎盧玉亭

本人是經過日本殖民的台灣人，曾代表三十八萬人投入日本海軍志願軍的宣誓，後歷經二二八被羈押，命大獲釋，國民政府曾號召日本海軍復員者爲其效命，我們婉辭。後本人移居香港，成爲英國殖民香港的居民，一九九七年英政府將香港歸還大陸政府。個人感覺香港是亦中亦西的文化，而台灣是以閩南文化爲中心的多元化社會。

閩南文化本應是最好與台灣主流社會合作並互相傳承文化，然而一些本土意識偏見的人，在向後代傳授本土文化時也遇到難題，有些孩子在主流學校教育，被灌輸了不少偏見，使孩子們逐漸忘卻本來祖先眞實歷史傳統。但把孩子們限制在台灣狹隘思想，雖然對學習繼承本土文化有利，卻會使他們因缺乏對主流文化的了解而喪失將來在社會競爭能力，任何一種極端結果，都會導致本土文化乃至台灣經濟社會慢性衰退。

本土意識偏見的台灣人偏見由來已久，乃至很多爲介紹本土文化而編寫的史籍和文藝作品中，都有意無意夾雜了不實成分，因為他們故意想與大陸脫鉤，這是不對的。

一個故事有關數學教學。老師教一年級學生加法，2＋2＝4。舉例說：「如果你已有兩個蘋果，又得到兩個，你一共有幾個蘋果？」一個原住民孩子不解的問：「既然我已經有了兩個蘋果，為什麼還要再得兩個，把它送給朋友不好嗎？」這是原住民原始的傳統思路。而一個心思教算術的老師卻只顧眼下，啓發半天，那孩子還是得不出「4」的結果，而是說：「如果我吃了一個蘋果，另外三個給別人，那我就一個都沒有了。」無可奈何的老師對這學生的結論是「無可救藥」。但若稍加分析就知道，這孩子不僅會加法，連減法都會。可惜老師被偏見矇住了雙眼。

這故事說明，在不同文化環境中成長的人有不同的思維方式和觀念，而在E世代多元化社會生活工作的每一個人，都應該了解和尊重其他族群的文化傳統，才能不傷害別人的感情與自尊。台灣文化大多承傳閩南文化，如果要背離閩南文化是不可能的，應該包容合作互相傳承文化。

本人經歷日本兵事、二二八事件、台灣殖民、英國殖民最能為台灣歷史價值作見證。把心中對台灣的愛眞實對社會說出，請不吝指導為禱。

『世紀之足跡』

◎王雪娥（現任台北市留日同學會總幹事）

我們受託著作這本書，首先我想就這本書的內容及意義做一個說明。這是太平洋戰爭末期，當時為日本國籍的台灣青年，應日本政府的號召和要求，「志願」日本海軍軍人的多人事故，主要以照片的方式呈顯的。

此書分成三個部份，第一部份是「志願日本海軍、訓練及海兵團」；第二部份為「二次大戰以後」；第三部分是「個人陳述事實」這些文章皆以日文撰寫，由陳鵬仁教授譯成中文的。能和陳鵬仁教授合著此書是一生最大榮幸。

甲午中日戰爭，清廷打敗，日本強硬要求清廷割讓台灣和澎湖，因此以後的台灣人，統統變成日本國籍（當時日本政府曾以兩年為期限，徵詢台灣中國人，不願意作日本人者的請回中國大陸，所以留下來者，都算是願意作日本人的人口，這是總督府正式公佈的），算日本人。

對於在日據時代，台灣人的所作所為，有一些人會說當時的台灣人這樣那樣，有所批評。但個人認為這種說法是不盡正確的。譬如說，這本小冊子的這些主人公，他們走上這樣道路，是時代和環境所造成。

一個人出生在特定的時間空間，必定受其時空的限制。在這時空內，他

（她）要生存，得順應該時空的「趨勢」和「潮流」。除非這個人是天生的「偉人或英傑」，否則免不了與時代「合流」。因此對於這本書的主人公的言行，我認爲沒有什麼是非可言。他們是順著時代過了他們的青春時代而已。

每個人有每個人的青春。這個青春就他個人而言，是最可珍貴的。對於其所過的青春，不管它的內容如何，是超時空的寶貴人生的一部份。他們之願意甚至盼望出版這樣一本書，不外乎是由於這種念頭。

他們在一九四五年八月十五日以前是日本人；以後是中國人，是台灣人，甚至於有人拿到其他國家的國籍。所以他們的心情極其錯綜複雜，一言難盡。過去的就讓它過去。他們珍惜的是自己過去的回憶和懷念，如此而已。而這本小冊子問世之意義在此。

因爲他們當過日本的海軍軍人，與日本人有些關係，所以由陳教授請曾任日本內閣防衛廳長官（相當於我國國防部長）的玉澤德一郎、臼井日出男兩位先生；曾任防衛廳政務次官（相當於我國國防部副部長）的有馬元治先生（他出生於花蓮）和前日本海軍中尉，今爲日本最著名作家，現任日本李登輝之友會榮譽會長阿川弘之先生，爲本書題字或寫幾句話，我們非常感謝他們的鼓勵。

這本書雖然沒有太大的道理，但這些紀錄，對後世研究台灣歷史應該有其幫助才對。因爲戰後已經過整整六十年，凋零的凋零了，資料、照片愈來愈少。所刊登照片都是他們自動提供的，很感謝他們。

我個人所以受託編輯此書，乃因受家母小學同班同學黃金龍先生拜託，並承蒙李焕坤先生、盧玉亭先生的協助。如有錯誤，請賜予指正。

國家圖書館出版品預行編目資料

近代中日關係研究. 第三輯：世紀之足跡－臺灣人日本海軍志願兵
/ 陳鵬仁著. -- 初版. --
臺北市: 蘭臺出版社, 2024.11
冊；公分 --(近代中日關係研究第三輯：8)
ISBN 978-626-98677-0-7(全套：精裝)
1.CST: 中日關係 2.CST: 外交史
643.1　　113006866

近代中日關係研究第三輯8

世紀之足跡 — 臺灣人日本海軍志願兵

編　　譯：陳鵬仁
主　　編：張加君
編　　輯：沈彥伶
美　　編：陳勁宏
校　　對：楊容容、古佳雯
封面設計：陳勁宏
出　　版：蘭臺出版社
地　　址：臺北市中正區重慶南路1段121號8樓之14
電　　話：(02) 2331-1675 或 (02) 2331-1691
傳　　真：(02) 2382-6225
E - MAIL ：books5w@gmail.com或books5w@yahoo.com.tw
網路書店：http://5w.com.tw/
https://www.pcstore.com.tw/yesbooks/
https://shopee.tw/books5w
博客來網路書店、博客思網路書店
三民書局、金石堂書店
經　　銷：聯合發行股份有限公司
電　　話：(02) 2917-8022　　傳真：(02) 2915-7212
劃撥戶名：蘭臺出版社　　帳號：18995335
香港代理：香港聯合零售有限公司
電　　話：(852) 2150-2100　　傳真：(852) 2356-0735
出版日期：2024年11月 初版
定　　價：新臺幣12000元整（精裝，套書不零售）
ISBN：978-626-98677-0-7

版權所有・翻印必究

近代中日關係史

一套10冊，陳鵬仁編譯　定價：12000元（精裝全套不分售）

精選二十世紀以來最重要的史料、研究叢書，從日本的觀點出發，探索這段動盪的歷史。是現今學界研究近代中日關係史不可或缺的一套經典。

第一輯

ISBN：978-986-99507-3-2

9 789869 950732　12000

第二輯

ISBN：978-626-95091-9-5

9 786269 509195　12000

《臺灣史研究名家論集》

這套叢書是二十九位兩岸台灣史的權威歷史名家的著述精華，精采可期，將是臺灣史研究的一座豐功碑及里程碑，可以藏諸名山，垂範後世，開啓門徑，臺灣史的未來新方向即孕育在這套叢書中。展視書稿，披卷流連，略綴數語以說明叢刊的成書經過，及對臺灣史的一些想法，期待與焦慮。

一編 ISBN：978-986-5633-47-9

臺灣史研究名家論集（叢書） 定價：28000

王志宇、汪毅夫、卓克華、周宗賢、林仁川、林國平、韋煙灶、徐亞湘、陳支平、陳哲三、陳進傳、鄭喜夫、鄧孔昭、戴文鋒

二編 ISBN：978-986-5633-70-7

臺灣史名家研究論集二編 （精裝）NT$：30000

尹章義、李乾朗、吳學明、周翔鶴、林文龍、邱榮裕、徐曉望、康　豹、陳小沖、陳孔立、黃卓權、黃美英、楊彥杰、蔡相輝、王見川

三編 ISBN:978-986-0643-04-6

尹章義、林滿紅、林翠鳳、武之璋、孟祥瀚、洪健榮、張崑振、張勝彥、戚嘉林、許世融、連心豪、葉乃齊、趙祐志、賴志彰、闞正宗

臺灣史研究名家論集三編（精裝）：28000元